被災地の博物館に聞く

東日本大震災と歴史・文化資料

国立歴史民俗博物館【編】

吉川弘文館

はじめに

二〇一一年三月十一日、東日本大震災は、沿岸地域に壊滅的な被害をもたらしました。テレビで映された津波の猛威に、人々の日常がずたずたに引き裂かれる様は、日本列島そして世界の人々を震撼させました。

一昨年秋から昨年の一月にかけて、岩手県陸前高田市・宮城県多賀城市・福島県南相馬市の各市が、それぞれの地域の歴史・文化を根幹にすえた地域づくりが必要であるという認識のもと、講演会が開かれ、私はその三つの講演会に講師として招かれました。その講演を通じて、これからの地域振興には地域固有の豊かな歴史・文化を掘り起こし、共有することが何よりも大切だということを市民の皆さんと理解し合い、新たな街づくりの第一歩をスタートさせようとした、まさに矢先の大震災でした。

六月に現地を訪れ、一変してしまった惨状に言葉もありませんでした。陸前高田市立博物館は津波の直撃を受け、館長さんら職員六名が亡くなられたのです。被災した博物館の資料は、現在廃校になった小学校に収容されていますが、その数は一〇万点を超え、東北沿岸の市町村を合わせると、被災した資料は何百万、何千万点になるかわからないほどです。

その折、被災現場と修復現場を実見し各機関の方々とお話をさせていただいた中で私なりに感じたことは、この救済事業はまず知識と経験をもった地元の方々を現地雇用するとともに、修復のための設備を地元に備えること、そこに各地から専門職員を定期的に派遣できるしくみを整え、これから五年、一〇年の復興に立ち向かう体制を確立することだと思いました。

震災後、多くの方々の発言のなかで、私が最も感動したのは、今回の報告者の中のお一人、陸前高田市の熊谷賢さんが記者のインタビューに答えて話されたことです。

「（被災した資料の）修復よりも新規購入が手っ取り早いかもしれない。でも残そうとするのは、収蔵品一つ一つに「物語」があるからです。たとえば、カワセミの仲間アカショウビンの剥製。一〇年ほど前、小学校の体育館で衝突死して生徒らが丁寧に埋葬したのですが、博物館に残す方が良いとの声が出て、掘り出して作製しました。生徒たちは卒業後も「おらほのアカショウビンはいる?」と訪ねてきた。そんな物語を諦めるわけにはいきません。今は何より、人々の暮らしの復旧と地域の復興が最優先。建物としての博物館の再建が何年後なのか、国や市の計画次第です。でも、整った街並みが戻っても、文化財が残らない復興は真の復興ではない。それは、この土地の自然、文化、歴史、記憶の集積であり、陸前高田のアイデンティティーだからです。」（朝日新聞　二〇一一年八月四日　オピニオン欄掲載記事　抜粋）

この熊谷さんの力強いメッセージは、地域の人々も同じ想いを持っておられることを別の機会の報告で確認することができました。それは、NPO法人宮城歴史資料保全ネットワーク事務局長（東北大学東北アジア研究センター）佐藤大介氏が二〇一一年六月二日、ミュージアムネットワーク会議研修会（於山梨県立博物館）において「東日本大震災と歴史資料保全」という報告で述べられた次のような市民の言葉でした。

宮城県石巻市北上町・K家（二〇一一年四月四日避難先にて）

・「こんな大変なときにわざわざ来ていただいて、ありがとうございます」

・「仏壇や、先生たちに調べてもらった古文書はすべて流されてしまいました」

・「落ち着いたら、ぜひ先生たちが撮影された写真を御提供いただけないでしょうか」

この古文書の所蔵者は、復興の街づくりの際、古文書を活用したいという強い思いから要請されたと佐藤氏は口頭で説明されました。さらに佐藤氏は「なぜ災害「前」に活動しなければならなかったか、もっとも悲しい形で「実証」」と映像にコメントを加えておりました。

三月十一日以来、現地で懸命に奮闘されてきた各博物館の方々は一日たりとも現場を離れることができない状況でしたが、各博物館の方々から直接ご報告をいただき、情報を共有し、これからの長期にわたる復興事業に強い連携をもって臨みたいとの思いから、二〇一一年七月三十日、国立歴史民俗博物館講堂で特別集会「被災地の博物館に聞く」を開催しました。

各報告者は、博物館などの文化施設や民家などの被災状況と、泥やヘドロの中から資料を必死で救出し、洗浄・修復する詳細な様子を映像をまじえ、冷静に解説されました。会場の私達聴衆は、想像をはるかに超える被災状況に凍りつくような思いで一つ一つの画面を眼で追い、この甚大な文化被災を現実として受けとめざるを得ませんでした。

この時の各報告のいずれもが〝災害と歴史・文化資料〟という課題を提示したものと受けとめて、歴史・文化研究に携わるすべての研究者と、その歴史・文化が地域社会の基盤と考えておられる多くの市民の方々にも情報を共有していただきたいと考えて、本書を刊行することとしました。

なお、本書には、特別集会の報告に加えて、国立歴史民俗博物館が大震災直後の四月から取り組んできた宮城県気仙沼市小々汐地区の民俗資料に関わるレスキュー事業についても収載することにしました。

東日本大震災に直面した人々はすでに立ち上がっています。それぞれの地で再び営みを開始しつつあります。そのエネルギーは、豊かな自然の中で育まれ、時には脅威の自然と真正面から向かい合ってきた歴史と文化への強い思いではないでしょうか。

大震災、原発事故は我が国の社会構造そのもの、そして学問体系の再検討をも迫るものといえます。本書がこうした日本列島内の現在およびこれからのあらゆる災害から歴史・文化資料を守り、地域社会の基盤として活用するための〝テキスト〟となることを強く願っております。

二〇一二年一月

国立歴史民俗博物館

館長　平川　南

被災地の博物館に聞く●目次

報告1

岩手県立博物館における文化財レスキューの現状と課題

―陸前高田市救出資料を中心に―

赤沼英男

ご紹介いただきました岩手県立博物館の赤沼です。本日このような情報共有の場をご提供いただきましたことに、厚く御礼申し上げます。また、岩手県立博物館で現在実施しております被災文化財等レスキュー活動は、東北地方太平洋沖地震被災文化財等救援委員会（以下、被災文化財等救援委員会）をはじめ、大学、博物館、教育委員会、NPO法人、企業をはじめとする多くの機関、そして全国のボランティアの皆様からのご指導・ご助力をいただきながら進められています。この場をお借りして多くのご厚意に深謝します。

それではスライドを使いながら、当館がこれまで実施してきましたレスキュー活動の概要をご報告し、併せて今直面しております様々な問題と当面の対処法、および中長期的課題について述べたいと思います。

表1は岩手県教育委員会によってまとめられた、平成二十三年六月二十九日現在の岩手県における主な国指定文化財の被災状況です。水色が平成二十三年三月十一日午後二時四六分に発生した巨大地震およびその後の余震による被災を、緑色が巨大地震の後に襲ってきた大津波による海

表 1　東日本大震災と余震に伴う主な国指定文化財の主な被害状況

市町村	種別	物件	被害概要
盛岡市	重（建）	岩手大学農学部（旧盛岡高等農林学校）旧本館	漆喰壁及び天井に亀裂
		岩手銀行（旧盛岡銀行）旧本店	漆喰壁の亀裂拡大
		旧藤野家住宅	土壁に亀裂発生と一部表面の落下
		旧佐々木家住宅	土壁に亀裂発生と一部表面の落下
	登有（建）	米内浄水場関連 7 施設	壁面、天井、出入口扉、外壁、マンホール等の破損
		小岩井農場本部事務所	軽微な損傷
花巻市	重（建）	旧小原家住宅	建物の歪み、馬屋の土壁に亀裂、その他建物内外軸部の土壁に亀裂など。
		伊藤家住宅	建物外部の土壁に亀裂やひび割れなど
		毘沙門堂	建物背面の「縁」をささえる脚部と脚部をつなぐ長押板の脱落
北上市	重（建）	多聞院伊澤家住宅	内部（中間と寝室の境目）壁一部剥離
		旧菅野家住宅	壁（崩落、ヒビ等）屋根垂木の折れ（1 面）
	登有（建）	北上市立博物館附属民俗資料館（旧黒沢尻実科高等女学校校舎）	玄関叩き亀裂、基礎コンクリート亀裂、内壁亀裂等
奥州市	重（建）	旧後藤家住宅	外壁（土壁）亀裂など
		千葉家住宅主屋	内部崩落
		高野長英旧宅	建物軸部ずれ、漆喰壁剥離など
	重（美 / 彫）	木造僧形坐像	左手首の衣一部欠
		木造四天王立像	持国天立像の右腰天衣脱落など
	重（建）	旧高橋家住宅	主屋外壁内壁建具破損、土蔵外壁崩壊など
金ケ崎町	重保	旧大沼家侍住宅他 15 施設	土蔵ひび割れ・剥落、ガラス戸破損など
一関市	登有（建）	世嬉の一酒造場関連 4 施設	内壁南東角崩落、扉破損、建物外壁亀裂発生等
		旧東北砕石工場	工場周辺及び工場内の岩石一部落下
		佐藤家住宅関連 10 施設	外壁及び内壁の一部崩落、屋根の一部崩落など
		横屋酒造関連 8 施設	外壁の破損、亀裂、床のたわみ等
		旧専売局千厩葉煙草専売所	廊下、会議室等の床石のずれによる床のたわみなど
平泉市	重（建）	白山神社能舞台	屋根垂木、野地板の劣化・損傷による瓦のずれ
	特史	毛越寺境内附鎮守社跡	池中立石の傾斜（特別名勝毛越寺庭園と重複）
	特名	毛越寺庭園	池中立石の傾斜（特別史跡毛越寺境内附鎮守社跡と重複）
大船渡市	史跡	大洞貝塚	一部土砂崩れ、地割れ
	名勝	珊琥島	一部樹木の倒壊
陸前高田市	名勝	高田松原	全滅（松を 1 本残すのみ）
	登有（建）	酔仙酒造関連 3 施設	全壊（流出）
	登有民	陸前高田の漁撈用具	水損（2045 点中約 8 割確認、洗浄・乾燥中）
	史跡	中沢浜貝塚	法面の崩れ
遠野市	重（建）	旧菊池家住宅	外壁と内壁に一部亀裂
		千葉家住宅	土蔵前の石垣の落下・ゆるみ、地面に亀裂など
釜石市	史跡	橋野高炉跡（一番高炉）	石組落下、剥落、石組みのずれ
		橋野高炉跡（二番高炉）	石組みのずれ、剥落
宮古市	登有（建）	盛合家住宅	床上浸水、外壁破損、内壁破損・剥離
二戸市	史跡	九戸城跡	本丸土塁、堀跡石垣の飼石、裏込石の落下

* 平成 23 年 6 月 29 日現在、岩手県教育委員会による。黄緑色の標記は（海）水損したもの。
** 重（建）＝重要文化財（建造物）、登有（建）＝登録有形文化財（建造物）、重（美 / 彫）＝重要文化財（美術工芸品 / 彫刻）、重保＝重要伝統的構造物群保存地区、特史＝特別史跡、特名＝特別名勝、登有民＝登録有形民俗文化財。

表 2　東日本大震災と余震に伴う主な県指定文化財の主な被害状況

市町村	種別	物件	被害概要
盛岡市	有(建)	木津屋池野藤兵衛家住宅付　土蔵	土蔵外壁等クラック、剥離
花巻市	有(彫)	木造伝阿弥陀如来立像（頭後補）	転倒による破損
	有(建)	千葉家住宅門	門の傾き
奥州市	有(建)	武家住宅（後藤新平旧宅）	外壁亀裂・剥離、修繕済
	有(建)	旧後藤正治郎家住宅	基礎敷石破損、外壁崩落（公開中止）
	有(建)	太田家住宅（太幸邸）7 棟	外壁亀裂、土塀倒壊、ガラス破損、内壁亀裂崩落、主屋 2 階柱折れ、内壁崩落多数、倒壊の危険有り
	有(彫)	木造阿弥陀如来立像	左手外れ
一関市	有(建)	村上家住宅 4 棟	屋根、土壁の一部落下
	有(彫)	木造十一面観音立像	右足甲部破損
平泉市	有(彫)	木造不動明王坐像	右腕のうちの部材剥落、寄木全体に歪み、修理済み
	有(彫)	木造観世音菩薩坐像	転倒、一部破損
	有(彫)	木造阿弥陀如来坐像	転倒、一部破損
	有(彫)	木造熊野神社両脇立倚像	像底枘材剥離、修理済み
大船渡市	無民	浦浜念仏剣舞	道具・装束流出多数
	史跡	関谷洞窟住居跡	洞窟内外に落石あり
陸前高田市	有(建)	吉田家住宅 4 棟	津波により山側に流され倒壊
	有(古)	吉田家文書 121 冊他 29 点	陸前高田市図書館で被災、海水・泥に浸る。岩手県立博物館で洗浄・修理中
	無民	気仙町けんか七夕祭り	調査中
住田町	有(彫)	木造阿弥陀如来坐像	一部破損、可能な範囲で修理予定
	有(彫)	木造観音菩薩坐像 木造勢至菩薩坐像	一部破損、可能な範囲で修理予定
	史跡	栗木鉄山跡	石垣崩落部分の拡大
宮古市	名勝	浄土ヶ浜	樹木の煙害、石碑流出、岸壁がえぐられている
山田町	名勝	船越海岸	（今後調査予定）
	天(植)	タブの木自生地	船越半島は未確認
	天(植)	大沢の臥竜梅（166.73m²）	海水に浸ったが、脱塩処理により樹勢回復

* 平成 23 年 6 月 29 日現在、岩手県教育委員会による。黄緑標記は（海）水損したもの。

** 有(建)＝有形文化財(建造物)、有(彫)＝有形文化財(彫刻)、無民＝無形民俗文化財、有(古)＝有形文化財(古文書)、天(植)＝天然記念物(植物)。

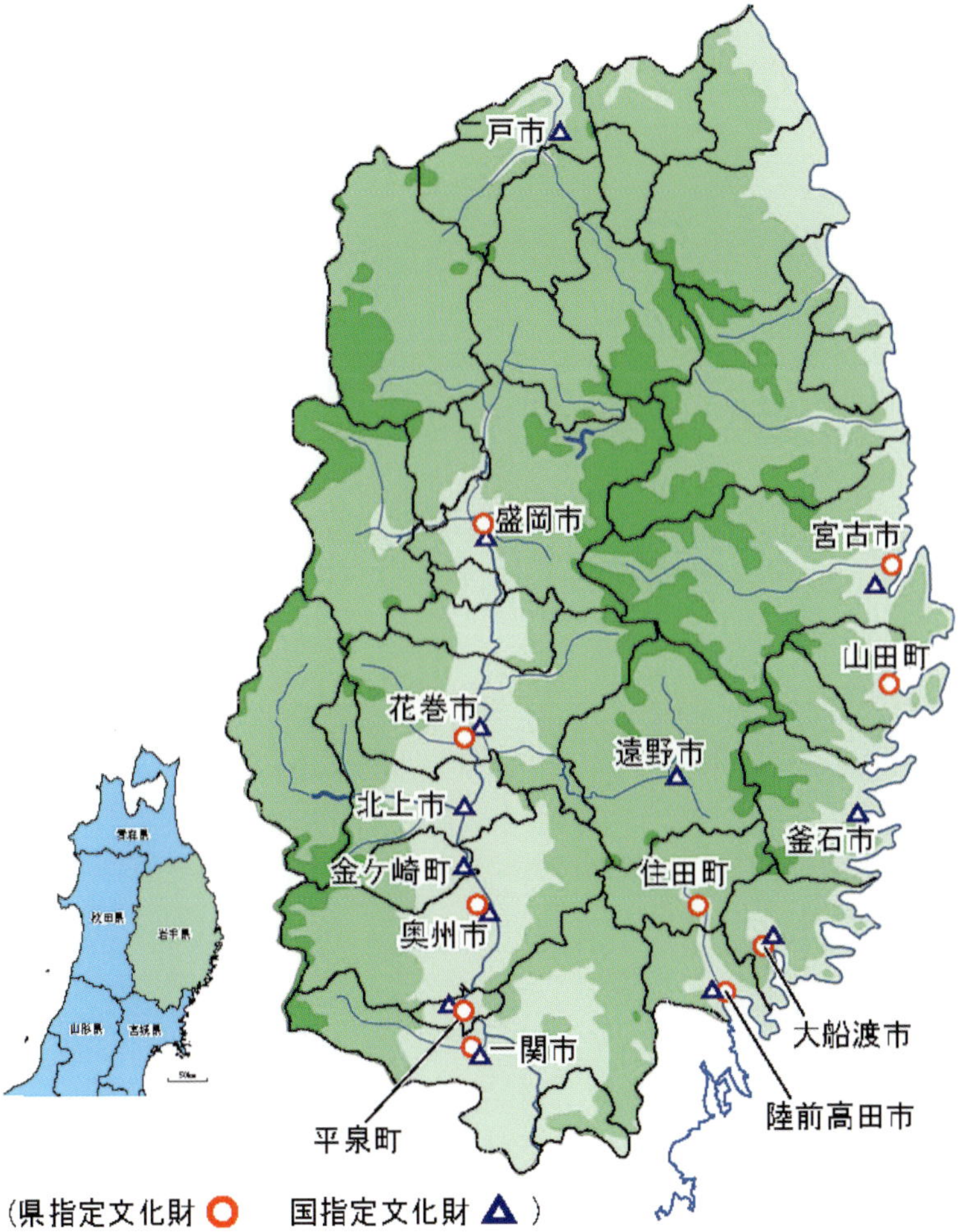

図 1　岩手県において被災した国および県指定文化財の所在地

水損を表しています。表2は同様にしてまとめられた岩手県指定文化財の被災状況で、表1および表2の所在地を示したものが図1です。

内陸部では巨大地震によって多数の建造物や史跡、名勝が損傷しました。また、転倒によって多く仏像が破損しました。巨大地震の後に押し寄せた大津波によって、陸前高田市では国指定名勝・高田松原の松の木が一本を残し壊滅したのをはじめ、国登録有形文化財・酔仙酒蔵関連施設、岩手県指定文化財・吉田家住宅が倒壊しました。国登録有形民俗文化財（漁撈用具）、岩手県指定文化財・吉田家文書および気仙郡村絵図も大津波によって海水損しました。岩手県宮古市では国登録有形文化財・盛合家住宅に海水が浸入。県指定名勝・浄土ヶ浜の一部岸壁が津波によってえぐられ、樹木も塩害を受けました。山田町でも県指定天然記念物・大沢の臥竜梅が海水に浸りましたが、その後の脱塩処理によって樹勢は回復しました。陸前高田市の無形民俗文化財・けんか七夕祭り、山田町の名勝・船越半島をはじめとする他の県指定文化財については、目下被災状況の確認作業が進められています。これに市町村指定文化財、未指定の文化財、および自然史系資料を合わせると、岩手県内だけでも数十万点を超える資料が被災したものと推定されます。

岩手県立博物館が被災文化財等のレスキュー活動を本格的に開始しましたのは、平成二十三年四月二日です。大震災発生後約三週間が経過してからのことです。なぜ三週間も、と思われる方が大勢数いらっしゃると思いますが、巨大地震発生直後東北一帯は大規模停電に見舞われ、さらに一部地域では断水し、ガスの供給も完全に停止しました。これに通信網や交通網の遮断、製油所の被災に起因する長期ガソリン不足が加わり、三月下旬までほとんど身動きとれない状態が続いたため、沿岸部における博物館関係機関の被災状況を正確に把握することはきわめて困難となりました。

このような状況の中で平成二十三年三月三十日、岩手県陸前高田市教育委員会から岩手県一関市立博物館に、陸前高田市立図書館特別書庫に収蔵されていた岩手県指定文化財吉田家文書および関係資料のレスキュー要請がありました。四月一日、岩手県一関市立博物館職員および陸前高田市関係者によって、当該資料の一部がレスキューされ、一関市立博物館に搬入されました。同日、一関市立博物館から岩手県立博物館に陸前高田市文化施設の被災状況が伝えられ、併せてレスキューされた吉田家文書および関連資料の安定化処理（被災資料をそれ以上劣化が進行することなく、長期にわたり安定的な保管が可能となる状態にすること）と、陸前高田市立図書館に残されている他の被災資料のレスキューが要請されました。

多くの報道機関で取り上げられていますように、陸前高田市は約一九・八メートル（遡上高）の大津波によって人的にも物的にも多大な被害を出しました。全世帯数の半数を超える四〇五七もの世帯が被災し、市役所、博物館、市立図書館といった公的施設も壊滅しました。被災者の救助、行方不明者の捜索、ライフラインの確保といった人命救助、および生活基盤確立のための懸命な復旧活動が繰り広げられているという非常にきびしい状況の中で、被災文化財のレスキュー要請が出されたわけです。レスキュー要請された資料がその地域を代表する象徴的資料で、やがて復興のシンボルの一つに位置づけられるにちがいないという共通認識のもと、岩手県教育委員会に経過を報告し、翌四月二日および三日の両日、岩手県教育委員会、公益財団法人岩手県文化振興事業団埋蔵文化財センター、一関市立博物館、および陸前高田市の職員と共に、被災した古文書、絵図、軸物等の救出を行いました。これが岩手県立博物館における被災文化財等レスキュー活動の始まりです。大震災発生後約三週間が経過してからのレスキュー活動ではありますが、それでも全国的に見れば比較的早い時期に着手されたのではないかと思っています。

図2は陸前高田市立図書館の被災状況とレスキュー活動状況を示したものです。吉田家文書および関連資料のレスキュー以降岩手県立博物館では、岩手県教育委員会の要請に基づき、陸前高田市立博物館、海と貝のミュージアム（図3）に残されていた資料の救出活動に着手しました。二機関の被災状況およびレスキュー活動につきましては後ほど、陸前高田市の熊谷さんから詳しい報告がなされると思いますのでここでは割愛いたします。二機関から救出された資料のうち、真空凍結乾燥処理を必要とする近世文書、早急な乾燥および除菌が必要な有機質を素材とする歴史・民俗・自然史系資料、および防錆処理が必要な金属資料については岩手県立博物館に、他は旧陸前高田市立生出《おいで》小学校に搬入され、それぞれの場所で安定化処理が施されています。

図2　陸前高田市立図書館のレスキュー活動

図 3　陸前高田市海と貝のミュージアム被災状況

五月二日からは被災文化財等救援委員会の支援を受け、これまで表3に示すレスキュー活動を順次行ってきました。岩手県釜石市立郷土資料館別館収蔵庫（主として民俗資料が収蔵）のように、海水損した資料に加え、大津波により海水や土砂が浸入した施設そのものの洗浄作業も、岩手歴史・民俗ネットの呼びかけによって参集した遠野市教育委員会、釜石市教育委員会、山形文化遺産防災ネットワークのスタッフと共同で行いました（図4）。洗浄用水も十分に確保されているとは言い難い状況のなかでの作業ではありましたが、人手と資材、そして天候に恵まれたこともあり、複数の空き教室に分置されていた資料の洗浄と環境改善を、わずか一日の作業で終えることができました。このレスキュー作業では初めて、除菌のため次亜塩素酸ナトリウム水溶液による洗浄を、カビの発生が著しい資料に用いました。この洗浄剤による洗浄はこれよりも前に岩手

表3　岩手県立博物館における主な被災文化財等の救援状況（平成23年7月25日現在）

市町村	機関・施設	資料	措置内容
陸前高田市	(1)　市立図書館	岩手県指定文化財吉田家文書および関連資料等	救出、安定化処理
	(2)　海と貝のミュージアム	貝類標本	救出、安定化処理
		ツチクジラ剥製標本	救出
	(3)　市立博物館	民俗資料(国登録漁撈用具等)、考古資料、歴史資料、民族資料、生物資料、地質資料等	救出、安定化処理および保管場所の保存環境改善等
	(4)　埋蔵文化財整理室	土器	救出、安定化処理
	(5)　教育委員会	岩手県指定文化財吉田家住宅	建築部材の収集と保管
大船渡市	(6)　教育委員会	絵図	安定化処理
釜石市	(7)　教育委員会	古文書、軸物	安定化処理
	(8)　郷土資料館別館収蔵庫	民具	収蔵庫内および収蔵資料洗浄
大槌町	(9)　教育委員会	絵図および古文書	安定化処理
山田町	(10)　山田町	海藻標本	安定化処理のための技術指導および一部保管
	(11)　鯨と海の科学館	液浸標本	クリーニングおよび保管
	(12)　教育委員会	古文書および書簡類	安定処理
宮古市	(13)　市役所	絵画	乾燥、燻蒸
	(14)　市民文化会館	絵画	乾燥、燻蒸
	(15)　教育委員会	盛合家調度品	乾燥、燻蒸

* 上記資料の救出および安定化処理に当たっては、被災文化財等救援委員会、大学、都道府県市町村教育委員会、博物館関係機関をはじめとする多くの機関および全国のボランティアの方々から人的および物的支援を受け実施している。

表4　レスキュー資料の劣化現象と劣化要因

劣化現象	要因	劣化区分
転倒等による破損	地震・津波	物理学的劣化
急激な環境変化に伴う資料変形	津波	
(海)水損によるカビの発生	津波	生物学的劣化
海水含有物質(塩化物をはじめとする様々な物質)による変質	津波	化学的劣化

野外での洗浄作業

被災した収蔵庫内部

図 4　釜石市立郷土資料館別館収蔵庫のレスキュー活動

県立博物館に搬入された一部の被災資料で行い、その有効性が確認されたものです。現在のところ処置後の資料の状態は良好に推移しています。

また、陸前高田市気仙町にあります吉田家住宅、これは一八〇二（享和二）年に仙台藩の気仙郡大肝入《おおきもいり》屋敷として築かれ、二〇〇六年に岩手県有形文化財に指定された住宅ですが、今回の津波で約一五〇メートル山側に流され倒壊いたしました（図5）。先月、一四日間にわたり岩手県教育委員会、陸前高田市教育委員会、陸前高田市災害ボランティアの方々、および岩手県立博物館職員によって流失した建築部材の回収が進められました。六月二十九日現在、約六五％の部材が回収されています。幸い、民間団体から農業用ビニールハウス一棟が寄贈され、多くのボランティアの協力を得て、回収された部材の一部を無事収納することができました（図6）。しかしながら今もまだ約三分の二の部材が野ざらしになっていて、その保存に頭を痛めております。本格的な冬が到来する前に何とかあと二棟のビニールハウスを準備し、収納すべく努力を続けているところです。

表3には記載されていませんが、岩手県釜石市にあり

回収された建築部材

収納用ビニールハウス

ビニールハウスへの収納

図 6　倒壊した吉田家住宅建築部材収納状況

被災前

飛散した建築部材

集められた茅

図 5　被災した岩手県指定文化財吉田家住宅

ます国指定史跡・橋野高炉跡の被災状況について少し紹介します。この史跡には、大島高任がわが国で始めて鉄鉱石を原料とする連続出銑に成功した高炉跡と関連施設が保存されています。巨大地震とその後のたび重なる余震によって一番高炉花崗岩の石組が大きくずれ、いたるところにクラックが入ってしまいました（図7）。現在、釜石市教育委員会および釜石市橋野高炉跡史跡整備検討委員会が中心となり、修復方法について検討が行われています。

岩手県立博物館には平成二十三年七月十五日現在で、歴史、考古、民俗、生物、および写真類をはじめとする約五万一〇〇〇点余りの資料が搬入され、順次安定化処理が施されています。以下ではそれらの中から、古文書、民具、金属考古資料、および昆虫標本、植物標本、貝類標本を例にとり、岩手県立博物館が行っている安定化処理方法についてご説明いたします。

安定化処理をはじめるに当たり岩手県立博物館内で検討いたしました最初の事項は、一次保管場所および安定化処理実施場所の確保についてです。いうまでもなく、レスキュー資料は大津波によって海水損しています。多量の土砂やヘドロをはじめ、大津波が到達するまでの間に巻き込んだ様々な物質の固着が予想されました。レスキュー資料は海水損してから三週間以上経過しています。異物の固着と同時に、カビの繁殖と腐朽の進行も懸念されました。そのような状態の資料を直ちに、博物館資料が厳重に保管されている収蔵庫や展示室、あるいは上記施設と同じ空調系統にある他の室内に運び入れることはできません。安定化処理を円滑に、そして安全に進めるためには、独立した空調系統でかつ水洗作業を自在に行うことができる給排水設備が整った部屋の確保が不可欠と判断いたしました。

レスキュー活動が開始された当初（平成二十三年四月一～十日）の岩手県盛岡市の日平均気温は一・七～九・五℃、最高一七℃、最低マイナス三・四℃で、関東地方に比べかなり低い値で推移していました。博物館施設内環境汚染を防止し、生物学的劣化の進行を抑制するため、レスキュー資料は外気とほぼ同じ温度環境が保持される車庫に搬入し、そこで一次保管することにしました（図8）。また、洗浄をはじめとする安定化処理作業は、車庫に併設する荷解場と給排水設備のある実技室での実施を決め（図9）、必要な用具類の準備を進めました。

被災資料の一次保管場所、安定化処理実施場所が決まった後、次にレスキュー活動の到達点をどこに置くか、その点の共通認識を得る努力をいたしました。一般に資料の劣化要因は物理学的劣化、生物学的劣化、および化学的劣化の三つに分類されます（表4）。物理学的劣化の例として、地震による倒壊や転倒による破損、大津波によって海水に浸った資料が急速に乾燥することによって生じる変形や亀裂の発生が挙げられます。生物学的劣化の例としては、カビの発生と繁

図7 国指定史跡／岩手県釜石市橋野高炉一番高炉跡の被災状況

図 8　陸前高田市立図書館からレスキューした古文書の岩手県立博物館への搬入

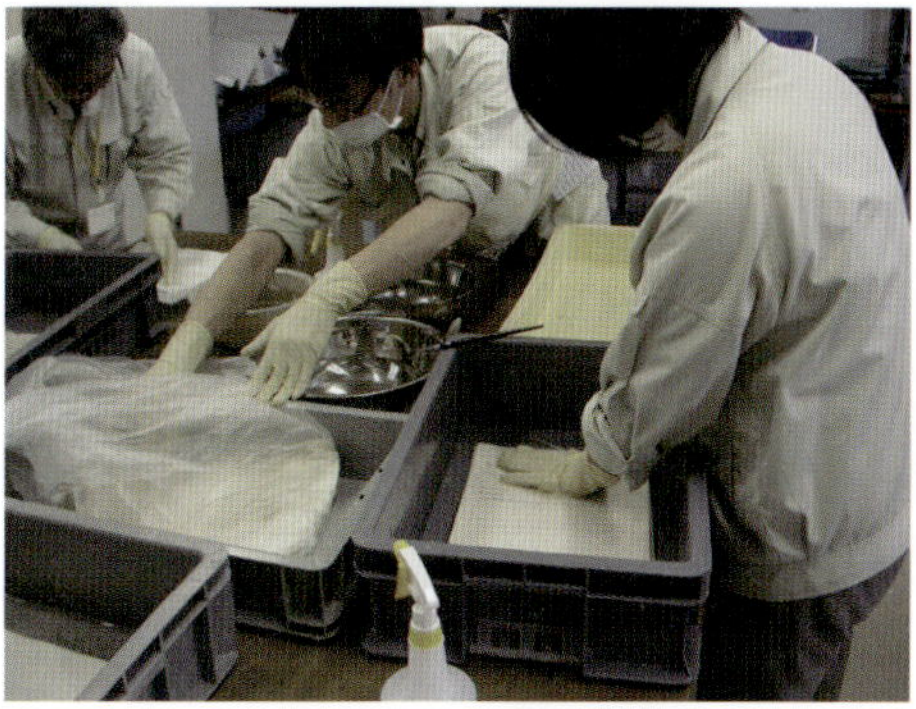

実技室での古文書洗浄作業

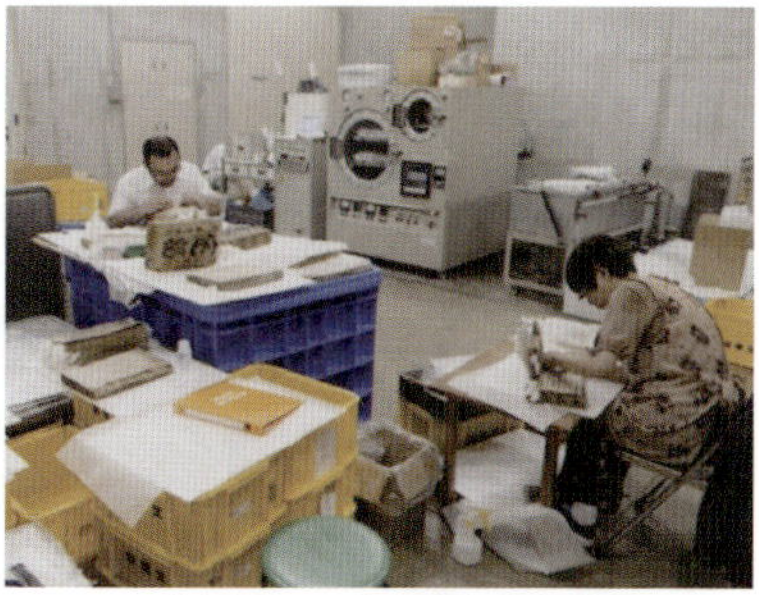

荷解場での古文書点検作業

図 9　荷解場および実技室での洗浄作業

殖による資料汚損、および腐朽の進行を挙げることができます。これまでの経験に基づけば、被災資料を救出し、危険な場所から安全な場所に速やかに移した後、抜本的修理を施すことができる環境が整うまで保管する、というのがレスキュー活動の基本的な考え方です。しかし、今回レスキューされた資料はそのほとんどが大津波で海水損しています。安全な場所への移動だけでは急激な乾燥による変形やカビの繁殖による劣化を防ぐことはできません。

海水に浸った資料はカビが発生しにくく、塩分濃度が三・五％以上の場合、カビの発生をほぼ抑制できるという研究結果が提示されています。そこで、海水損した資料をそのまま乾かせば、物理学的劣化も生物学的劣化も回避することができる、という考え方に基づき対処を施すことも可能です。しかし、レスキュー活動開始当初しばしば鉄器に新たな錆が発生し、急速に進行するという現象が観察されました（図10）。明らかに、海水に含まれる塩分に起因する劣化です。資料から異臭が発生しているという現象や、資料表面が異常にベトベトするといった状況も認められました。これらの現象は塩分のみならず、海底に堆積していたヘドロや大津波が到達するまでに巻き込んだ様々な物質が固着したことに起因すると思われます。特別な措置を講じることなく乾燥させた資料を、これまで厳重に保存管理されてきた他の資料と一緒にした場合、それらの資料はもとより、収蔵施設そのものにも悪影響を及ぼす恐れがあります。レスキューされた資料を長期にわたり安定的に保管できるよう、岩手県立博物館では資料劣化はもとより、展示・収蔵施設の環境汚染につながる要因を可能な限り除去すること、そして安定化処理後一定の経過観察期間を設け、処理資料に顕著な変化がみられず長期にわたる安定的保管の目途がついたことが確認されるところまでを、今回のレスキュー活動の到達点といたしました（図11）。

安定化処理開始後しばらくして、脱塩をせず自然乾燥を試みた資料が完全に乾き切らず、湿っ

テングサツギ

脱塩中の漁撈用具

アサリ取り

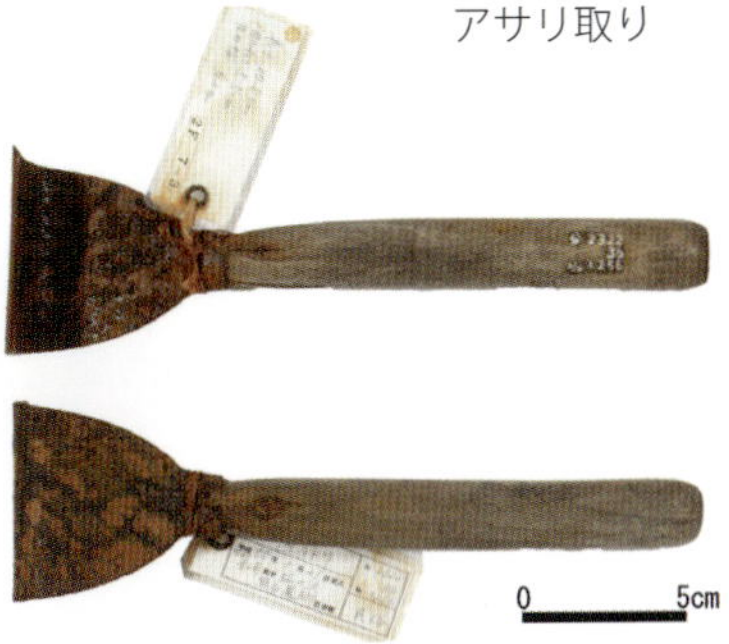

図 10　錆化が進んだ国登録有形民俗文化財（漁撈用具）

2 つの資料には不安定な錆が析出している。脱塩処理の過程で大津波の影響と思われる非水溶性物質も遊離した。

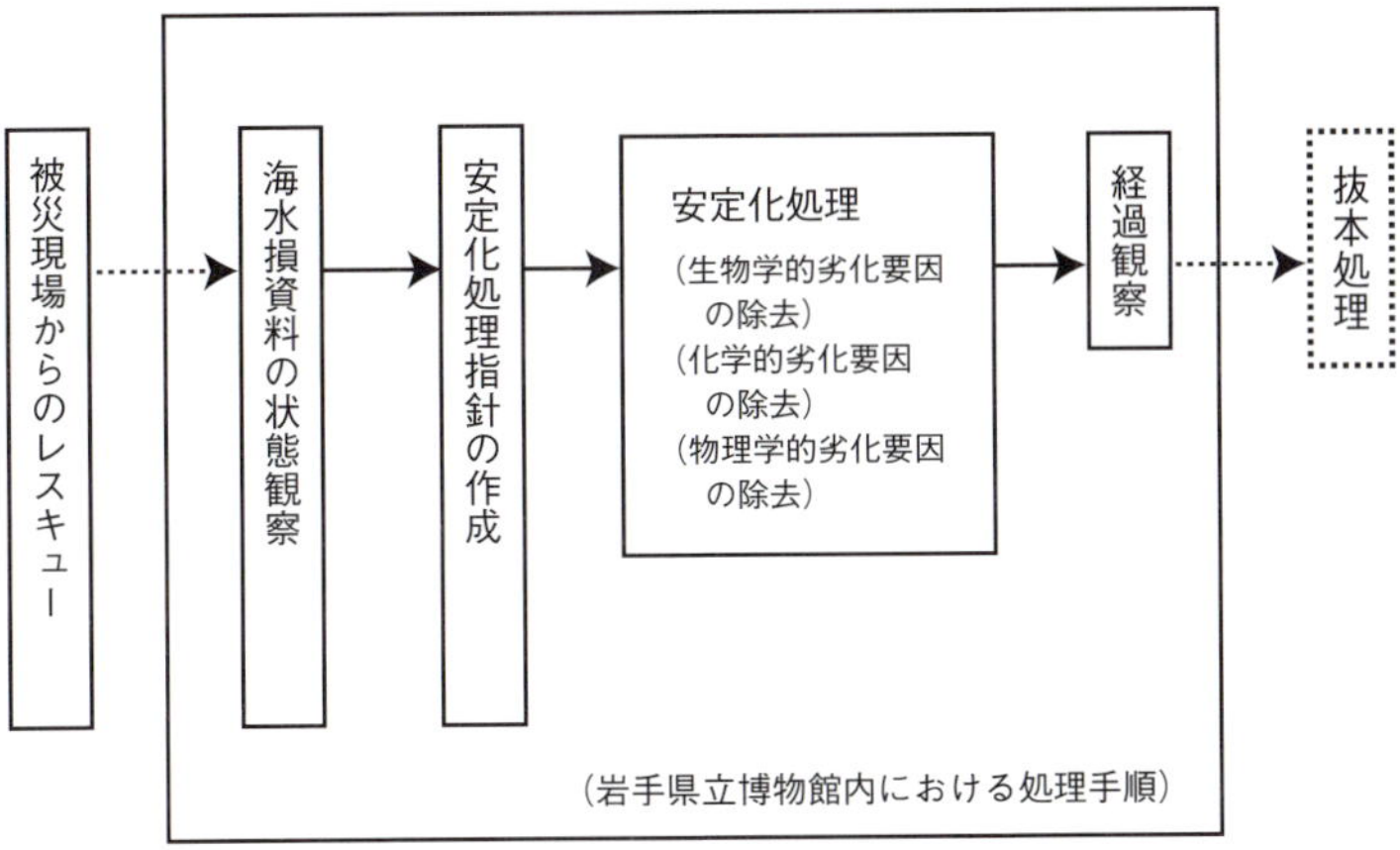

図 11　岩手県立博物館におけるレスキュー活動の流れ

たままの状態にあるという現象や、一度乾いた資料が再び湿気を帯び、資料表面に再度カビが発生するという現象が観察されました（図12）。これらの現象は、資料中に含有される塩分に起因するものと推定されます。資料の安定保管には、物理学的劣化および生物学的劣化要因の除去に加え、化学的劣化要因も可能な限り取り除くことが必要であることを改めて認識いたしました。

レスキューされた資料は膨大な数にのぼり、その素材も多岐にわたります。資料を分類し、それぞれの形態と素材にふさわしい安定化処理方法を構築したうえで、効率的に処理を施す必要があります。その実践には十分な資材を確保することはもとより、ボランティアの協力が欠かせません。岩手県立博物館ではレスキュー開始当初から、岩手大学教育学部および盛岡大学文学部の協力を得、五月の連休明けまで延べ二〇〇名を超える学生ボランティアの方々に、安定化処理作

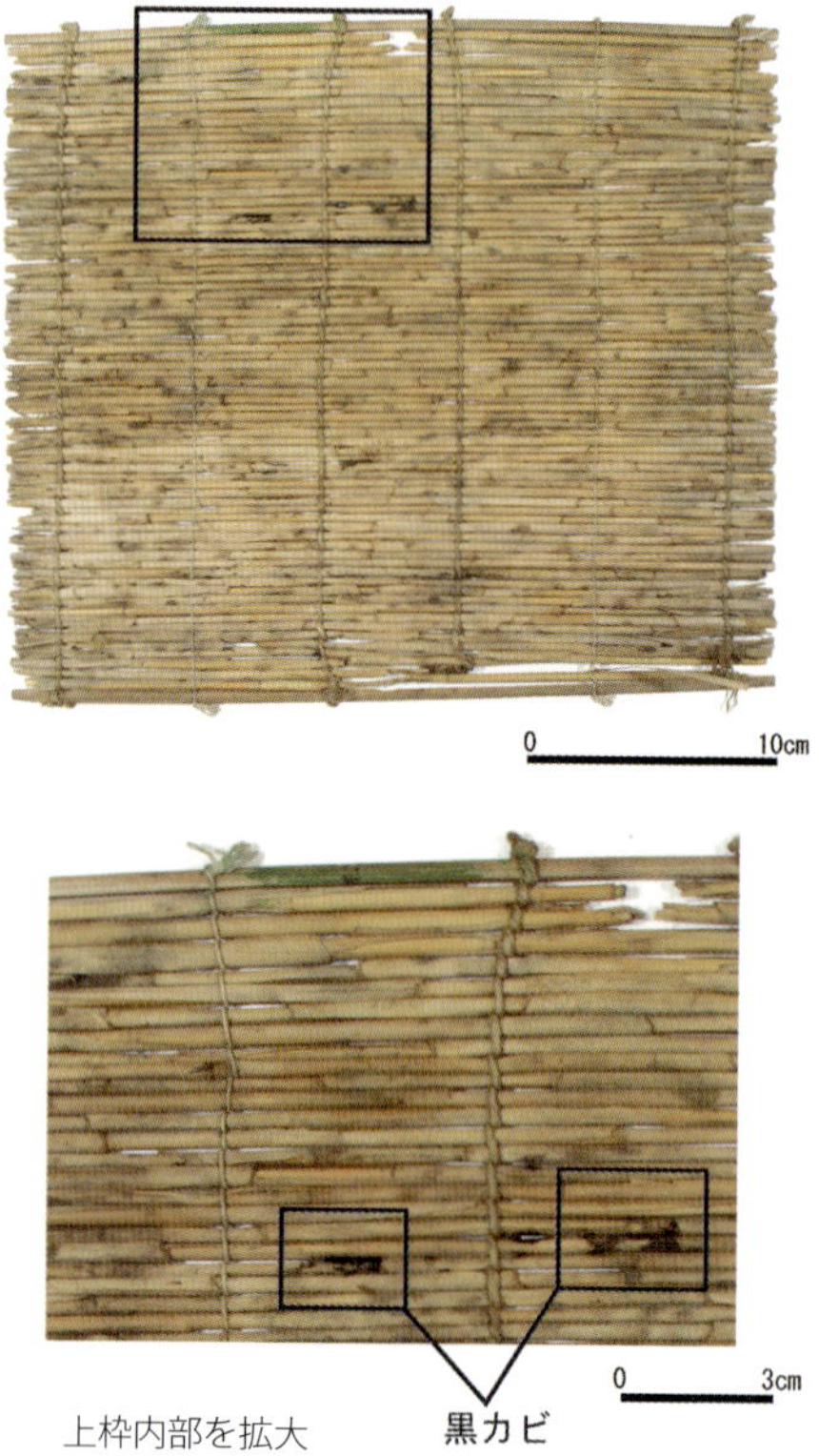

図12　土砂除去後再びカビが発生したノリスキアミ

業に従事していただくことができました（図13）。学生ボランティアの活動がマスメディアを通じ社会的に認知されるに従い、文化財関係機関や図書館に勤務されている職員の方々、古文書研究会会員といった社会人の方々の協力も得られるようになりました。中には、貴重な休日を返上し定期的に通って下さる方、関東以西からご来盛され作業に従事されている方もおられます。

既に述べましたように、岩手県立博物館には五万一〇〇〇点もの被災資料が搬入されています。そのうちの八割強を自然史系資料（昆虫、植物、貝類など）が占めますが、あまりにも膨大なためそれらのうちの約三割については国内の自然史系博物館や大学などに送り、それぞれの機関で安定化のための措置を施していただいています。また、安定化処理を効率的に進めるため、平成二十三年七月二十六日から緊急雇用制度を活用し、九名の職員を任用いたしました（図14）。

安定化処理作業が始まり約二週間が経過した四月下旬、被災地でも外気温が上昇し、桜の季節を迎えました（図15）。盛岡市内の日平均気温も一〇℃を超える日が目立つようになり、車庫に保管していた資料についても新たなカビの発生と繁殖が心配になってきました。古文書と共に、軸物、衣類、革製品といった伝統的修復技法を加味した安定化処理方法を構築し、措置しなければならない資料もレスキューされ始めました。これらの資料の劣化を抑制し一次保管するための、冷凍・冷蔵施設の確保が緊急の課題として浮上しました。

四月十五日、全国知事会を通じ、屋外に設置可能な大型冷凍庫の無償貸与の話をいただきました。食糧や医薬品などの保管を目的として被災地に提供される予定のものでしたが、レスキュー資料の長期にわたる安定保管の必要性を説明し、無償貸与を受けることができました。平成二十三年六月十五日に設置され、平成二十四年十二月末まで使用可能となったことにより、古文書や軸物、植物や昆虫標本といった、急速に腐朽が進む資料の長期保管が可能となりました（図

図 13　学生ボランティアによる被災古文書の水道水による洗浄

図 14　緊急雇用制度により任用した職員による乾燥した古文書の点検作業

平成 23 年度は被災地の支援に全力を注ぐため、岩手県立博物館では当初予定されていた企画展を全て見合わせ、レスキュー活動に力を注いだ。乾燥した古文書の点検作業は特別展示室で行い、汗による資料汚損防止と省エネに配慮し、最小限の照明によって実施している。

図 15　被災地（陸前高田市竹駒地区）での桜の開花

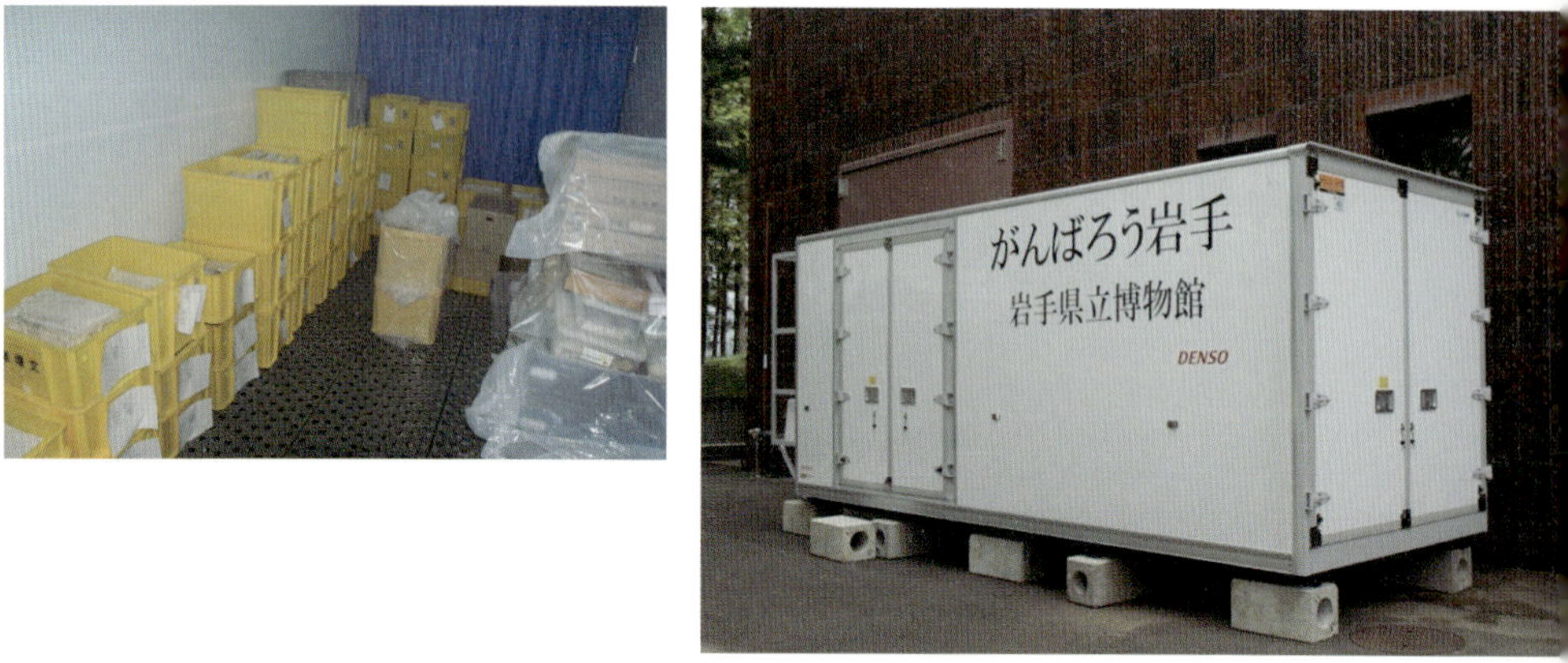

図 16　岩手県立博物館屋外に設置された大型冷凍庫

図 17　岩手県立花巻農業高等学校果樹用
冷蔵庫に収納された古文書

16）。大型冷凍庫の設置に先立ち、岩手県立盛岡農業高等学校の斡旋により、岩手県立花巻農業高等学校の果樹用冷蔵庫を借用することができ、古文書約一〇〇〇冊を上記冷蔵庫に保管しました（図17）。これらの資料についても八月下旬には岩手県立博物館に設置された冷凍庫に移設し、安定化処理を進める予定にしています。

当初の報道で岩手県立博物館にレスキューされた古文書は約三〇〇〇冊と紹介されましたが、レスキュー活動が進むにつれ冊数が増え、現在約四〇〇〇冊の資料が冷凍庫に保管されています。文化財としての古文書を安定化処理するうえでの重要な点は、文字情報収集機能の回復（本の自在な開閉による文字情報の入手を可能にすること）と、資料そのものの形態保持です。わが国でもこれまで水損した古文書につきましては、真空凍結乾燥法による修復が行われ、良好な結果が得られています。幸い岩手県立博物館には開館当初から保存科学部門が設置され、博物館資料の自然科学的調査とその調査結果に基づいた保存修復が行われてきました。火災により水損した古文書を真空凍結乾燥法で乾燥するという経験も有しておりました。しかし、海水損した資料の措置経験はありません。そこで、これまでに行ってきた文化財保存処理の経験と、インドネシアスマトラ沖地震の際、津波によって海水損した公文書の修復に用いられた方法を参考に、博物館に搬入された資料を目視観察し、物理学的劣化要因、生物学的劣化要因、および化学的劣化要因の除去を目的とする安定化処理手順（とりわけ脱塩を加味した安定化処理手順）を作成し、レスキューされた古文書の処理に着手いたしました。その後、被災文化財等救援委員会から提供される様々な情報、文化財科学の研究者、文化財の修復家をはじめとする多くの方々からの助言を入れると共に、処理資料の状態に合わせ、処理手順に改良を加えながら作業を進めています。処理工程は開始当初一四工程でしたが、現在は図18に示す一八工程に及んでいます。

1. 水洗可能資料の選別
2. 水道水による洗浄
3. 次亜塩素酸ナトリウム水溶液による洗浄
4. 水道水による洗浄および脱塩処理
5. 水道水による超音波洗浄処理
6. 精製水による超音波洗浄処理
7. 加圧による水分除去
8. 自然乾燥
9. 資料点検と内部残留土砂の除去
10. 耐水紙および不織布による保護
11. 予備凍結
12. 真空凍結乾燥処理
13. 資料消毒（くん蒸）
14. 資料点検および分類
15. 剥離部の応急補修
16. 資料のデジタル化（今後の課題）
17. 中性紙封筒および中性紙箱での保管
18. 経過観察

レスキュー直後の『定留』

乾燥後の『定留』

図 18　古文書の安定化処理手順

平成 23 年 11 月 30 日現在、新たに次亜塩素酸ナトリウム水溶液（12%溶液を水道水で 400 倍に希釈したもの）による洗浄を加え、除菌、ヌメリの除去、および脱塩を図っている。10 月までは 4 の後、精製水による脱塩処理を行っていた。脱塩効率とコストの関係から現在は図 18 に示す手順で作業を進めている。

安定化処理を進めるうえで特に注意を要する資料に『定留《じょうどめ》』（図18）を挙げることができます。仙台藩気仙郡の大肝入を務めた岩手県陸前高田市の旧家吉田家に伝わる古文書で、一九九五年に岩手県有形文化財に指定されました。文献史学の先生方にはご説明するまでもありませんが、寛延三年（一七五〇）から明治元年（一八六八）までの一一八年間分（このうち寛政十一年、文化十二年、天保元年の三ヵ年分を欠く）がまとまって今日まで伝えられています。中には厚さ一〇センチを超えるかなり分厚い資料もあります。『定留』を含む吉田家文書およびその関連資料は一度完全に海水に浸った後、海水を含んだ土砂の中に三週間以上も放置されました。搬入時ほとんどの資料が腐敗臭を放っていましたが、カビの繁殖は予想以上に少なく、相当数の資料について文字情報が保持されているものと推定されました。レスキューされるまでの外気温が低く、塩水によりカビの繁殖が抑制されたことによるものと思われます。吉田家および関連文書と共にレスキューされた陸前高田市議会関係資料の中には破損が著しく、資料表面はもとより内部まで土砂が混入し、表紙や天、小口全面にカビが発生しているものも多数みられました。これまでの目視観察結果によりますと、幕末～明治初期、戦前～戦後にかけて製作された資料に多くのカビの発生・繁殖が認められています（図19）。被災資料が置かれていた環境に加え、製作に使用された紙質、使用された糊の量と品質によってカビの発生・繁殖状況が異なることに気づきました。

レスキューされた資料を点検し、インクや水彩絵の具といった水に溶出する可能性がある素材が使用されている資料をまず分別しました（図20）。残った水洗可能な資料をあらかじめ水道水で満たしたトレーの中に静かに浸し、筆やハケを使って固着する土砂を慎重に取り除きました（図21）。当初はためらいもありましたが、水中の方が資料の取り扱いが容易で、資料を傷める心配が少ないことがわかりました。そこで、水洗可能な資料については水道水の中に入れ、洗浄を進

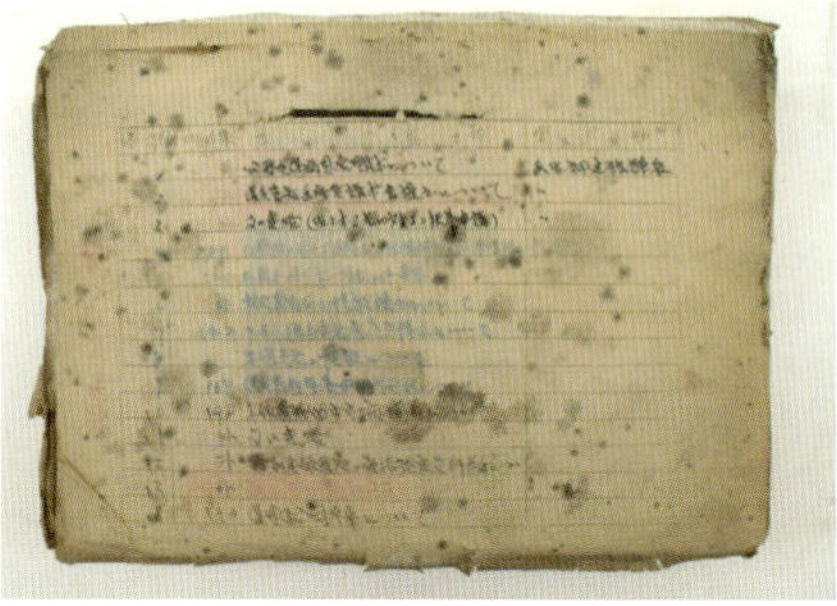

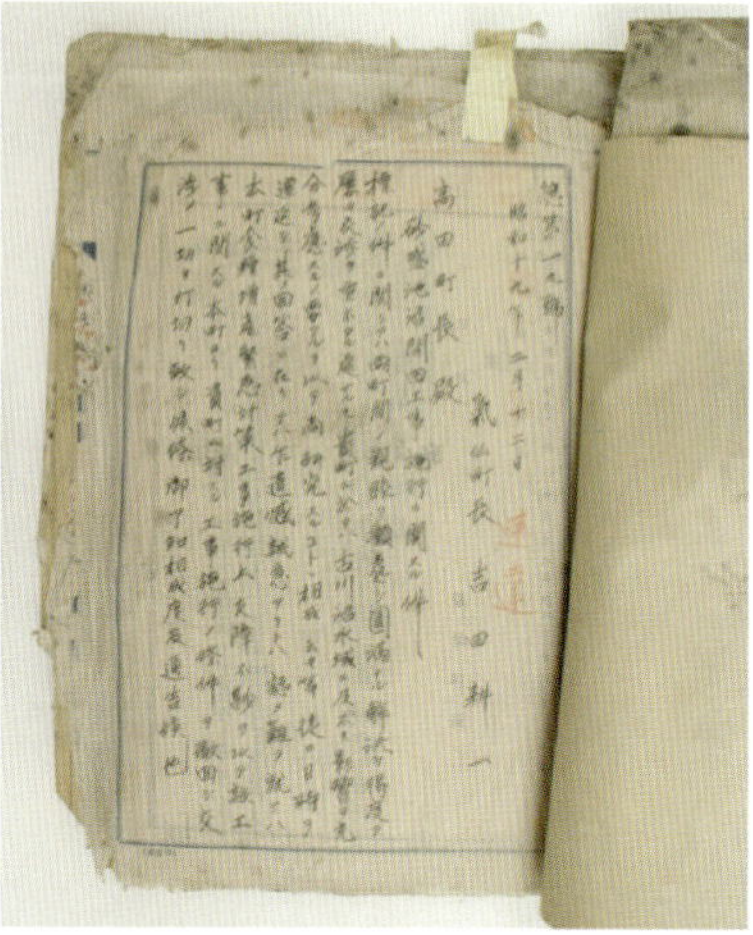

図 19　カビの発生が著しい資料

1. 紙質、2. 糊の量と品質、3. 被災後資料が置かれていた環境によってカビの発生状況が異なる。特に幕末〜明治初期および戦前〜戦後の書籍に多量のカビの発生がみられる。

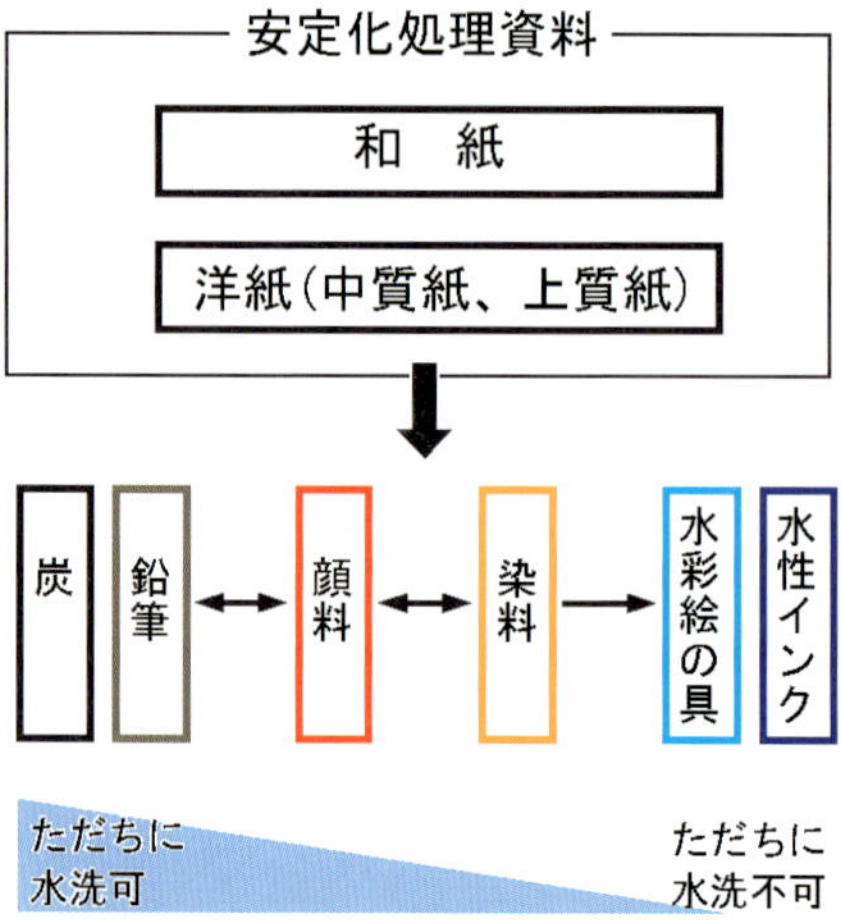

図 20　安定化処理資料（古文書）の分類

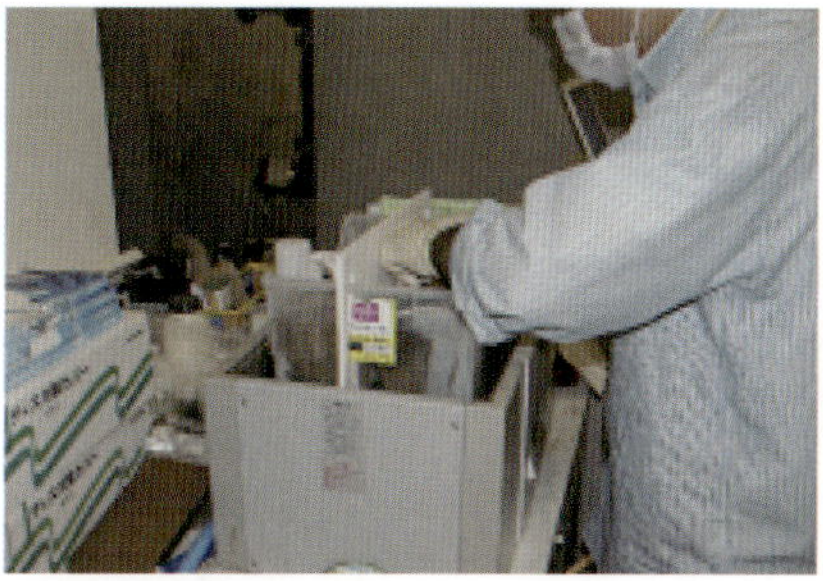

資料を立てた状態での脱塩

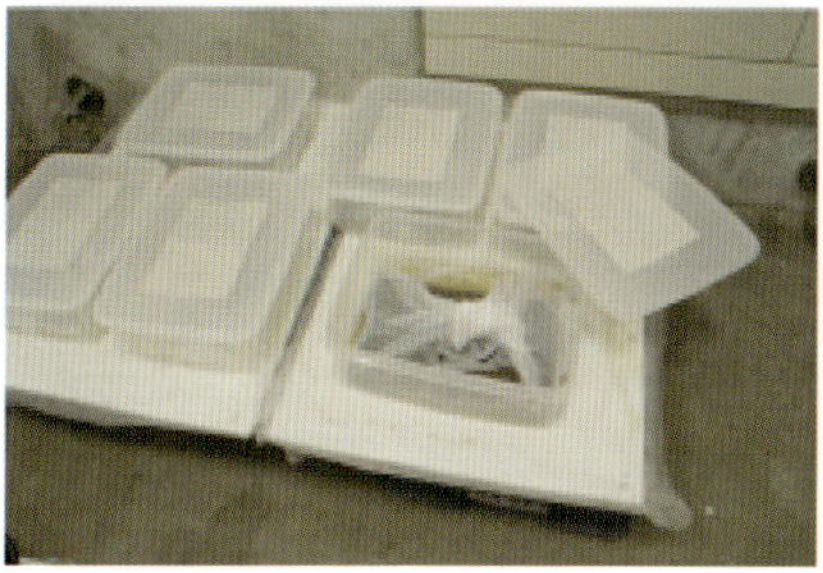

資料を横にしての脱塩

図 22　古文書の脱塩処理（図 18–4）

資料を薄葉紙および不織布で保護のうえ実施。

エタノールによる除菌

図 21　水道水による洗浄作業（図 18–2）

めました。トレーの水は土砂で懸濁した都度取り替え、澄んだ状態を保つようにしました。感染症防止のため、手袋やマスクなどの保護具を着用し、洗浄作業を行いました。資料に固着する土砂が取り除かれ、トレーの水がそれほど懸濁しなくなった段階で洗浄をやめ（概ね三〜四回繰り返す）、資料を薄葉紙（安定化処理開始当初は薄葉紙を使用。現在は不織布）で保護した後、発生しているカビについてはエタノールを噴霧し除菌しました（図21）。一時洗浄が終わった資料を新しい不織布で保護した後、新たに水道水で満たしたトレーの中に浸し、脱塩処理を行いました（図22）。途中三回水を変え、約五日間浸しました。最後に、精製水に二日間浸漬し、超音波洗浄処理（処理時間は三〇分未満）しました（図23）。

　資料を深めの水槽に立てた状態で入れ処理することにより、脱塩効率の向上を期待することができます。そこで、水道水で満たした水槽の底面に資料の地を置き、ページが開く状態とした後（図22上）、二四時間浸漬しました。水道水を取り換え同様の操作を三回繰り返しました。厚さ約五チセンの『定留』の場合、一回目の脱塩で約一一〇〇ppm、二回目で約三四〇ppm、三回目で約一七〇ppm、四回目では約八〇ppmの塩化物イオンが溶出しました。次に水道水による超音波洗浄を一〇分間二回行い、それぞれ約三〇pm、約二〇ppmの塩化物イオンを溶出させることができました。さらに精製水で一〇分間の超音波洗浄処理を施すことにより、塩化物イオンの溶出は約六・五ppmまで減少します。厚さ三チセン未満の古文書では、水道水による一回目の脱塩で約七〇〇ppm、二回目で約一九〇ppm、三回目で約六〇ppm、約四回目で約二〇ppm、水道水による超音波洗浄処理の一回目及び二回目で約六ppm、精製水による超音波洗浄処理では約〇・八ppmの濃度となります。洗浄過程で次亜塩素酸ナトリウム水溶液を使用した場合であっても、同様の手順で脱塩処理することにより、ほぼ同程度の脱塩効果が得られます。

図 23　超音波洗浄機による古文書の洗浄

厚さ三センチ未満の同一の古文書の破損部分から洗浄前と洗浄後に採取した紙片をＥＰＭＡ分析し、それぞれに含有されるナトリウム（Na）と塩素（Cl）濃度分布を比較しました。洗浄前と洗浄後の反射電子組成像（ＢＥＩ）と、含有されるNaおよびClの濃度分布のカラーマップから明らかなように、洗浄前試料ではほぼ全域から高濃度のNa、Clが検出されていますが、洗浄後試料ではわずかに検出されているにすぎません（図24）。この測定からも、一定の脱塩効果を確認することができました。今後さらなる検証が必要ではありますが、上記の方法を用いた場合、厚さが三〜五センチの古文書では四日間（二四時間浸漬を四回）の脱塩時間を設定することにより、十分な脱塩効果が得られるものと判断しています。厚さが五センチを超える古文書につきましては概ね七日間（二四時間浸漬を七回）の脱塩時間を設け、措置を施しています。ただし、古文書の素材となっ

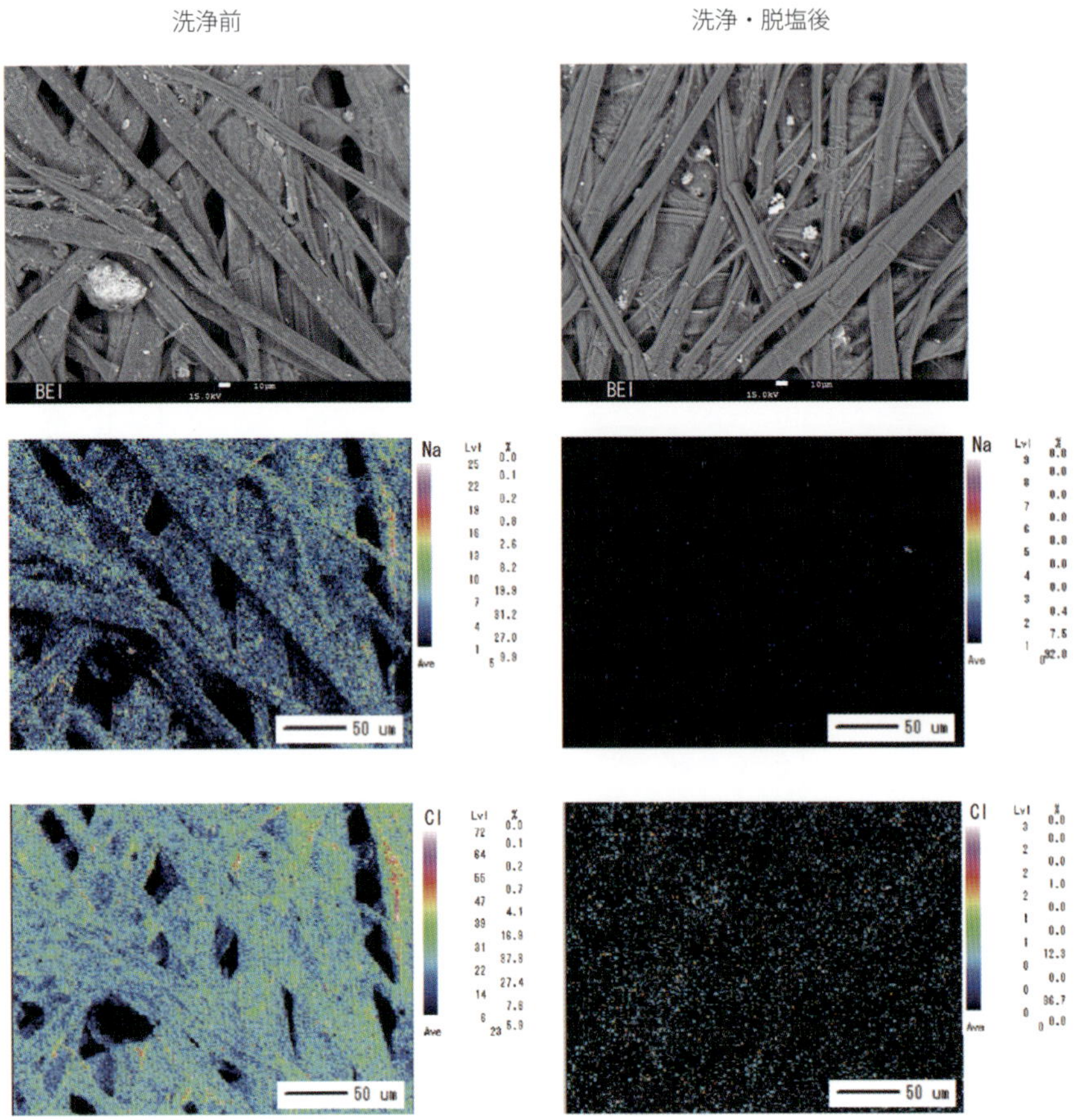

図 24　未洗浄資料と洗浄・脱塩処理された資料に含有される Na・Cl 濃度の比較

た和紙の種類によっては脱塩時間を変える必要があります。同時に、現在行っている脱塩処理方法が資料に与える影響の評価や、より効率的脱塩方法の開発など、海水損した古文書の脱塩処理については、基礎実験を通し解明・解決すべき課題が数多く残されています。

　超音波洗浄処理が終了した古文書を不織布で保護したままステンレスの板で挟み、その上にコンクリートブロックを乗せ加圧して、資料中に含まれる水分を除去しました（図25）。この操作でかなりの水を除去することができます。安定化処理をはじめた当初は、この操作が終わった段階ですぐに真空凍結乾燥機に入れ乾燥処理を行っていましたが、これでは効率が悪いことに気づきました。チャンバー容積の関係から、真空凍結乾燥機にセットできる資料は数十冊です。脱塩処理が進むにつれ、真空凍結乾燥を待つ資料が増えてきました。そこで、待機時間を使い二〜五日、通気の良いところに資料同士が接することのない状態でトレーやかご等に立てかけておくことにより、カビを発生させることなく自然乾燥できることがわかりました（図26）。この操作で約二・九キロの文書を五日間、相対湿度四〇〜六〇％、温度二五℃前後の室内に放置した場合、約八一〇《グラム》減量することがわかりました。

『定留』のような厚みのある古文書の場合、自然乾燥した後で紙面の状態がよいものについてはページを開閉することができます。そこで開ける個所については極力開き、刷毛を使ってわずかに残っている土砂を取り除いた後、付箋紙状に細長く切った耐水紙（紙の両面をシリコンで保護したもの）を挟み込みました（図27）。この措置を施すことにより乾燥後のクリーニング作業が低減され、本と本との間にわずかに生じる隙間によって真空凍結のスピードもかなり向上いたしました。

　予備乾燥および点検が終わった資料を耐水紙で保護し、さらに不織布で包んだ後、予備凍結し

図 27　資料点検と内部残留土砂の除去

図 25　古文書に含有される水分除去

図 26　自然乾燥

ました。予備凍結は冷凍庫で行う方法とドライアイスを使用する方法の、二通りの方法で行っています（図28・29）。ドライアイスは約マイナス七九℃から直接気体に変化するため、細かく砕いて粉体とし、その中に資料を入れることによって一気に凍らせることができます。特別な設備を必要としないこと、固化する過程での変形を抑制することができること、および固化する資料量を自在にコントロールすることができるという点で、利便性があります。

予備凍結が終了した資料をあらかじめ〇℃以下に保持したチャンバー内に挿入し、真空凍結乾燥処理を行いました（図30）。厚さ約五チセンの古文書の場合、真空ポンプを稼働してから約一昼夜放置した後、チャンバー内の温度を五～一〇℃に、さらに三日後二五～三〇℃に設定し、全体で約一週間費やし乾燥を進めています。真空ポンプ稼働中、コールドトラップの温度はマイナス七〇～マイナス八〇℃に保持されます。最初からチャンバー内の温度を二五～三〇℃に設定すると乾燥速度は速まりますが、古文書表面が風船のように膨れ上がり、形態が大きく変わります。これは、古文書表面の水分が急速に昇華したことによるものと思われます。古文書の著しい変形を防止するため、チャンバー内の温度を緩やかに上げることにしました。真空凍結乾燥終了後、乾燥した資料を滅菌機でくん蒸しました（図31）。

くん蒸が終わった古文書を一ページずつ開き、乾燥の状態、破損の状態を確認し、ページ内に残っている微細な土砂を刷毛やハブラシを使って丁寧に取り除きました（図32）。点検が終わった資料を、古文書の機能が回復し、形態も保持されている資料、軽微な修復を必要とする資料、破損が著しく抜本修復を必要とする資料に分類し、前者については補修を施した後、それぞれを中性紙封筒に入れ、中性紙箱に収納しました（図33）。レスキュー開始当初に運び込まれた古文書のうち、七月末現在約一一〇〇冊の乾燥が終わりました。来年一月末～二月上旬には第一次レ

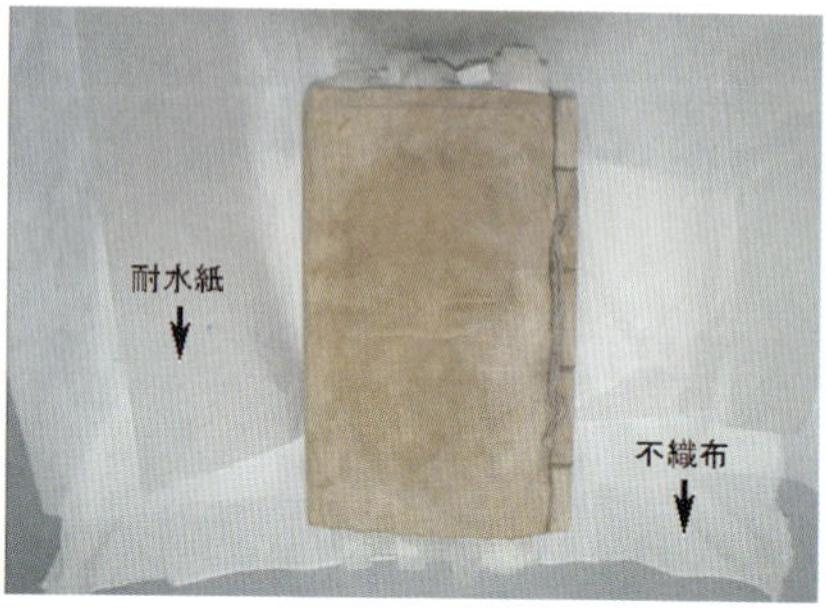

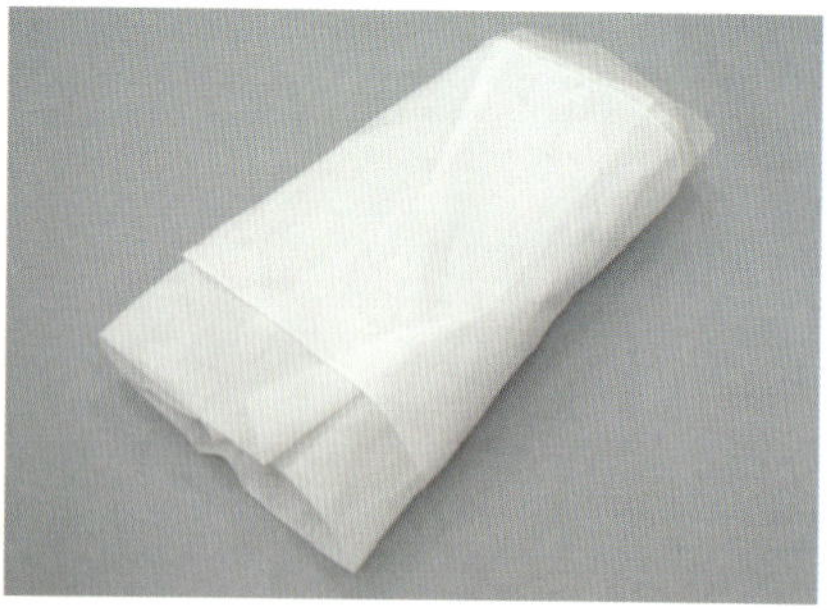

図 29　ドライアイスを使用しての予備凍結

図 28　耐水紙および不織布による保護

図 30　真空凍結乾燥処理

図 31　滅菌機による資料くん蒸

図 32　資料の点検と分類

図 33　中性紙封筒および中性紙箱での保存

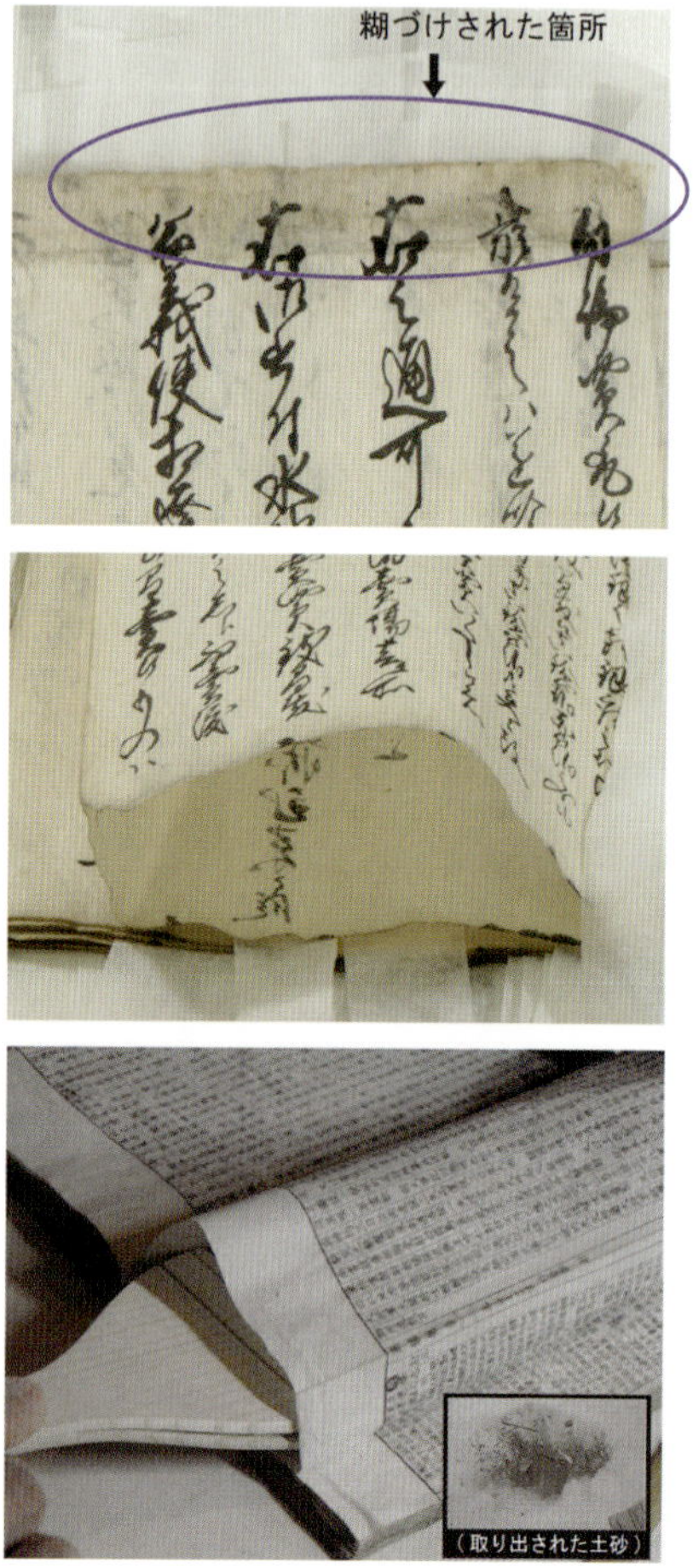

糊が変質し、袋内部に土砂が混在している

図34　過去に行われた修復の状況

スキュー分の乾燥をすべて終えることができると考えています。

　順調に進んできたようにみえる古文書安定化処理作業ですが、実施過程では予期しない困難に遭遇しました。『定留』は過去に何回か修復が行われたようです。乾燥した資料を一ページずつ開く点検作業でわかりました。過去の修復時に使用された糊が少しずつ溶出して紙面に固着し、ページの開閉を妨げるケースが多数みられました。それから天の部分が糊づけされ、袋状になっている箇所も確認されました（図34）。この袋の中に土砂が混入していたため、刷毛を入れて慎重に取り除きました。事前に資料の修復履歴に関する情報が入手できれば、より適切な処理方法を選択し、安全かつ円滑に安定化処理を進めることができる、ということを改めて痛感いたしました。

　それから、クリップなどの金属製の金具を使い綴じ込んでいる資料も散見されました。海水に浸ったため金具が錆化し、紙面を汚損しています（図35）。資料保管の際、このような金属性の金具は使用すべきではないことを示しています。

岩手県立博物館には、古文書に加え絵図や軸物も運び込まれています。図36の絵図は吉田家文書として岩手県有形文化財に指定された気仙郡村絵図高田村です。図書館の床に堆積した泥の中から救出されました。被災してからレスキューされるまでの間、劣悪な環境下にあったため、『定留』以上に腐敗臭を放ち、ところどころにカビの発生が見られました。『定留』同様の方法で脱塩処理した後、薄葉紙および不織布に挟んで自然乾燥し、図36の状態になりました。

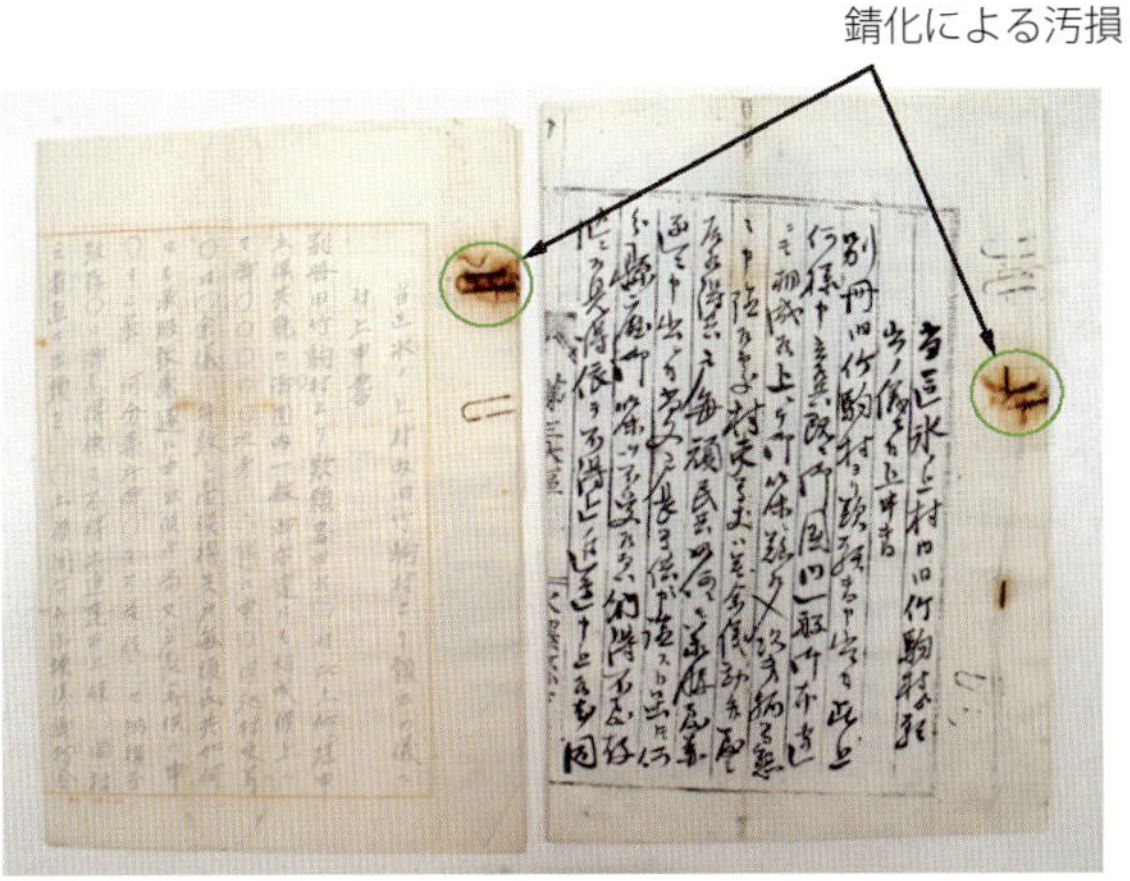

図 35　金属金具の錆化による紙面の汚損

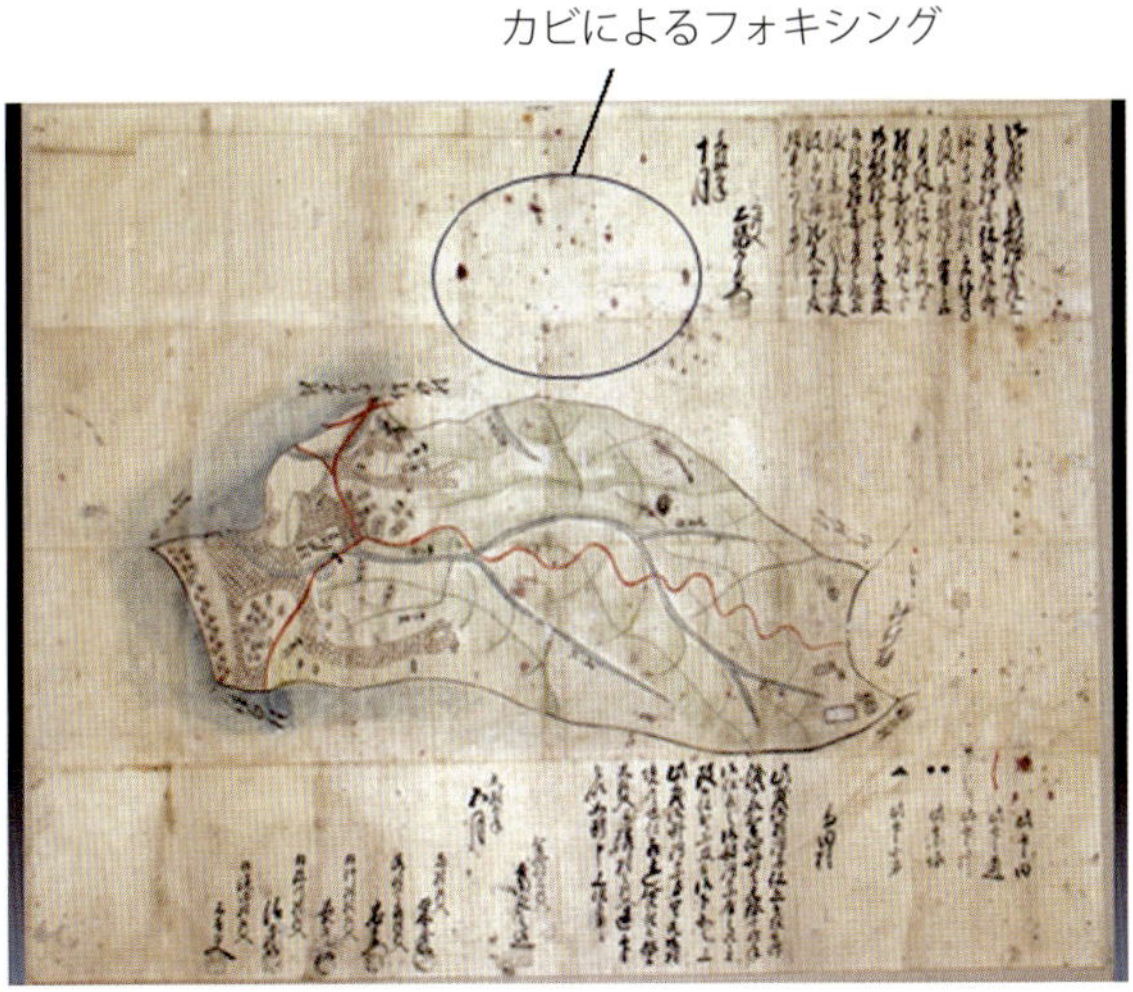

図 36　岩手県有形文化財気仙郡村絵図高田村

いうまでもなく、海水損した資料の安定化処理方法は未確立です。これまでの経験と過去の事例を参考に、古文書と絵図について処理を行ってきましたが、将来紙質が変化する、絵図の色調が変化する、という現象が起こる可能性があります。そこで安定化処理後の状態を正確に記録し、その結果をその後の資料の状態と定期的に比較することによって、安定化処理方法が適切なものであったかどうかを判断することができます。また、何らかの原因で資料劣化が進行したとしても、安定化処理直後の状態が記録されているため、学術情報の喪失は免れます。安定化処理後の学術情報の保存と経過観察、そのためには処理資料のデジタル化が不可欠ですが、残念ながら当館にはその設備がありません。

幸い、一部の古文書と絵図について、専門企業の協力により高精細デジタル画像を作成するこ

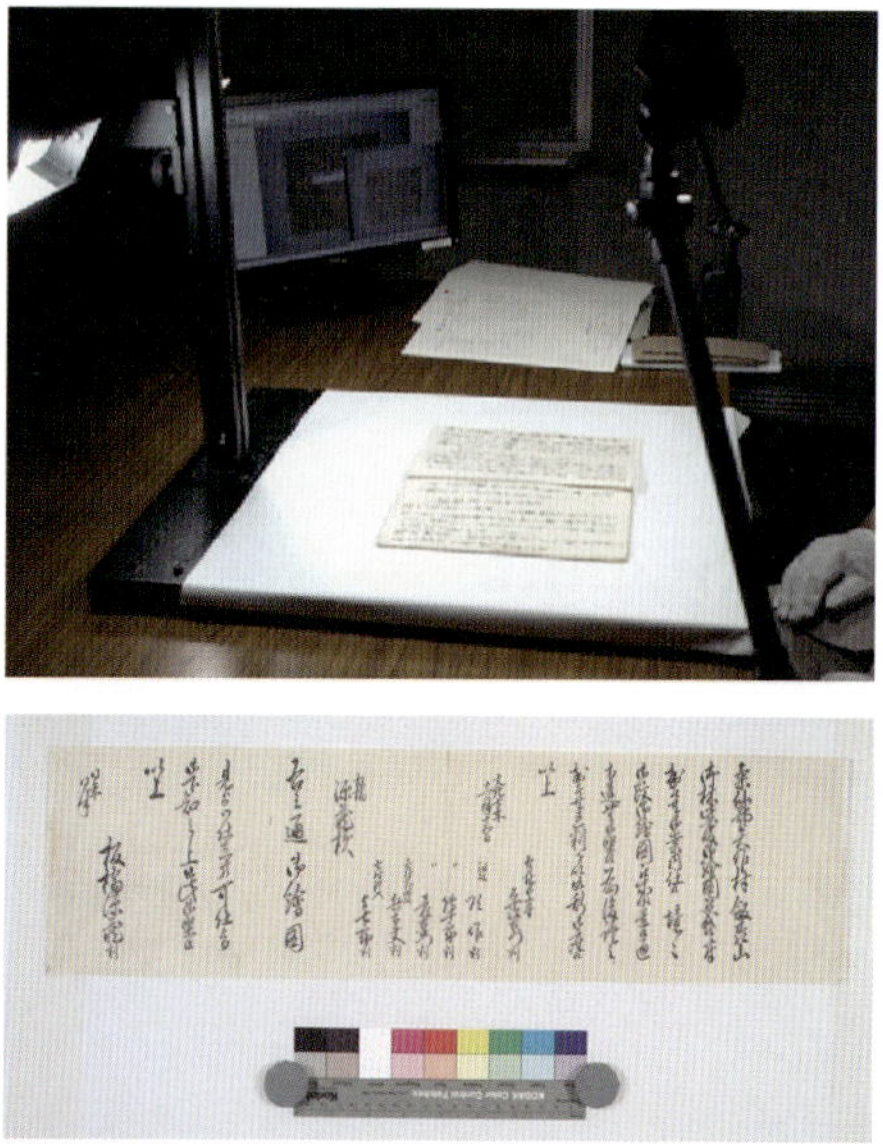

図 37　古文書の高精細デジタル画像作成

図 38　移送直後の収蔵状況

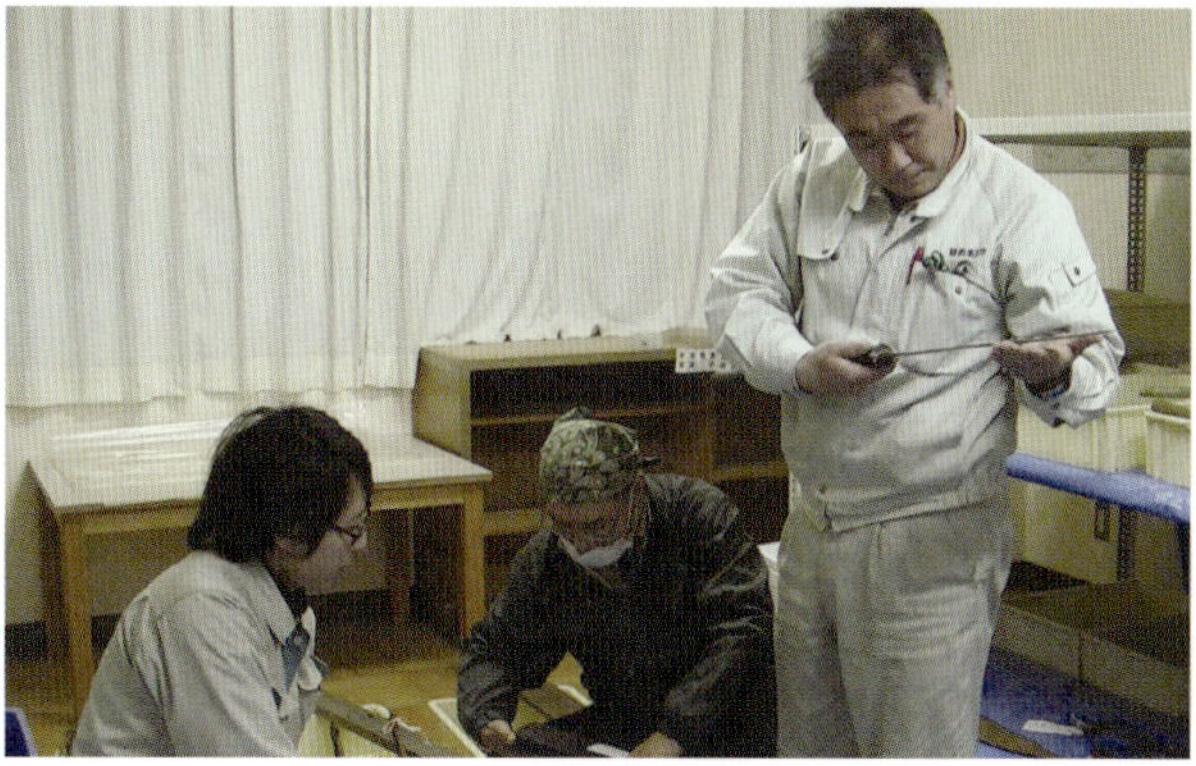

図 39
現在も続く民俗資料の同定作業

とができました（図37）。しかし、資料点数があまりにも膨大なため、全資料についての実施は難しい状況にあります。今後、一定の資料を選別しデジタル化したうえで、貴重な学術情報の喪失防止を図ると共に、今回実施した安定化処理の有効性について確認していきたいと考えています。安定化処理が終了した古文書につきましては、文字情報の欠落、欠損の有無を確認することも重要な課題です。その実現には古文書に精通した研究者の協力が不可欠であり、この点も今後の課題です。

次に民俗資料についてご報告します。陸前高田市立博物館からレスキューされた民俗資料は膨大で、国登録有形民俗文化財である漁撈用具をはじめ、気仙大工関係資料、農具、玩具、書籍類など、形態も素材も多岐にわたります。資料の大きさもまちまちで、大形資料については人手と設備の関係から、土砂除去作業も大変困難をきわめています。

被災した民俗資料に関しては、その多様性ゆえに、同定作業に難が生じます。六月から七月にかけては、現地での応急的な洗浄作業とともに、無造作に積み重ねられた資料群の整理のみに大半の時間を費やしたと言っても過言ではありません（図38）。幸い陸前高田市立博物館の収蔵資料のほとんどに、基本的な資料情報を記した防水性のタグが付されておりました。国登録有形民俗文化財の漁撈用具については、一覧がペーパーのかたちで残されておりましたので、それらについては概ねスムーズに同定・選別を行うことができました。しかしながら、ＩＤが欠失したままとなっている民俗資料も少なくありません（図39）。

このような状況の中で、錆化が進んだ小形鉄製漁撈用具や、カビの繁殖により図柄が失われるという危機に瀕した絵馬が岩手県立博物館に搬入され、安定化処理に付されました。搬入時の状態を撮影した後、小形鉄製漁撈用具については水道水および精製水に入れ脱塩処理を施しました

図 40　鉄製漁撈用具の脱塩風景

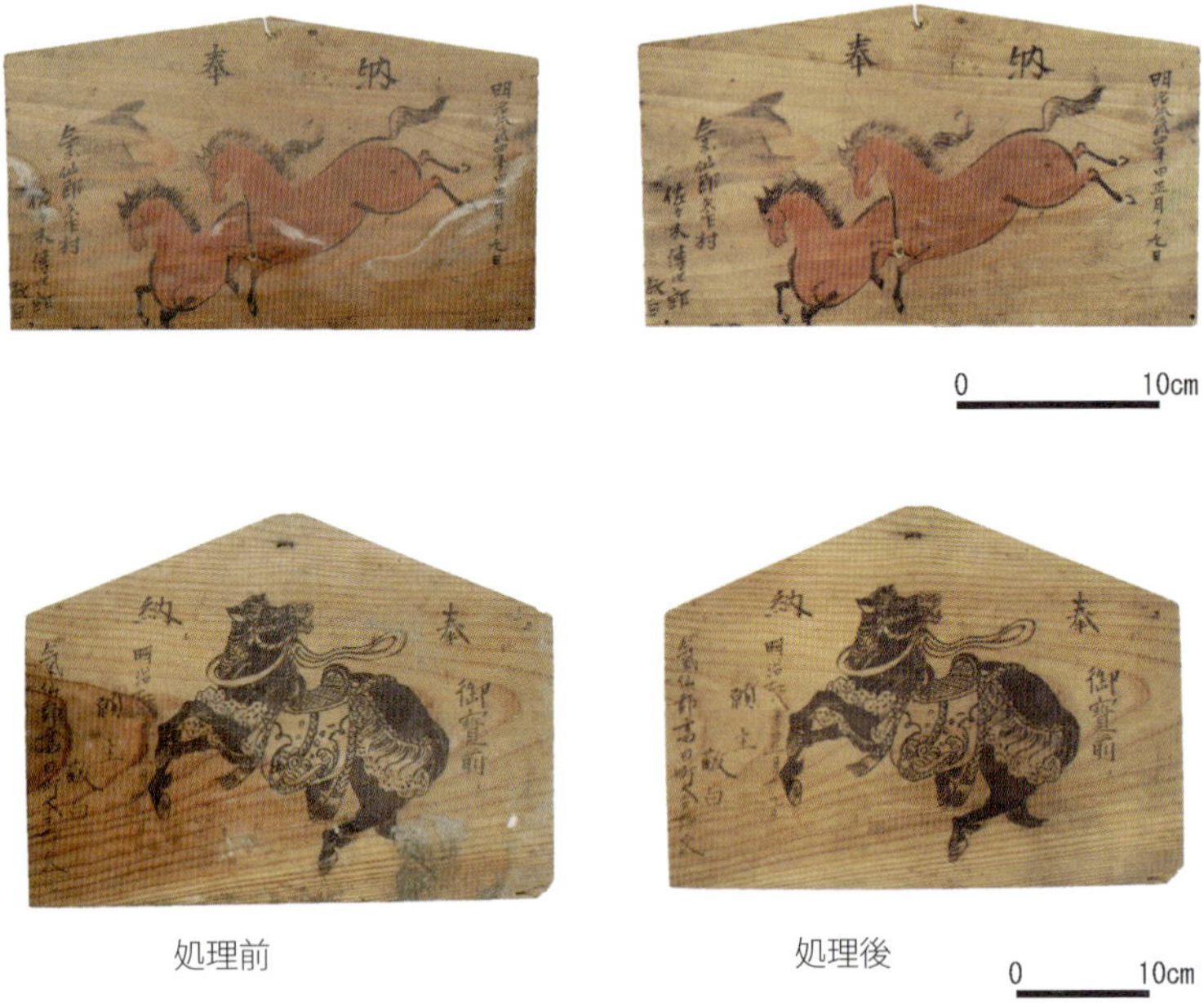

図 41　絵馬の処理前および処理後の外観

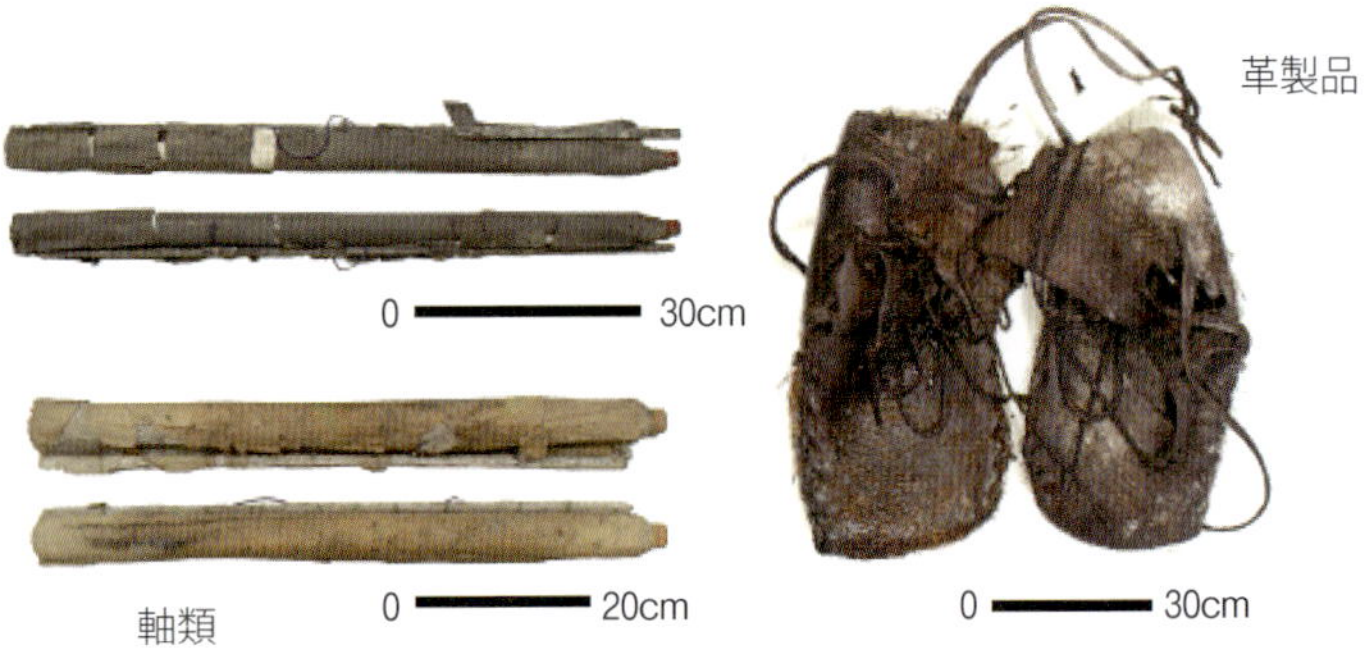

図 42　安定化処理を待つ海水損資料

（図40）。その結果、進行性の赤錆《あかさび》が発生している鉄製品については状態の改善が見られましたが、一方で木部が付属した鉄製資料のなかには、一ヵ月以上を経過してもなお塩分や油分等の発生がみられるものもあります。そのため民俗資料のほとんどについて、被災状態に応じた効果的な洗浄および脱塩方法を、今なお模索している段階にあります。

岩手県立博物館に搬入した絵馬については、次亜塩素酸ナトリウム水容器（市販の一二％溶液を水道水で四〇〇倍に希釈したもの）に約一五分浸し、軟らかい刷毛で資料表面のカビを除去した後、水道水、精製水で順次洗浄し、自然乾燥しました。資料表面のカビもほとんどが除去され、あざやかな色が蘇りました（図41）。次亜塩素酸ナトリウム水溶液は食塩の電気分解によって得られます。その溶液には相当量の塩化物イオンが含まれますが、海水損した資料の場合には有効であろうという保存科学の研究者からの助言に基づき、今回、試験的に用いました。今後、措置が終わった資料に特別な変化がみられないことが確認された段階で、古文書をはじめとする他の資料の安定化処理にも使用したいと考えています。

既にご説明いたしましたように、レスキューされた民俗資料の中には革製品、軸物、装身具、および衣類といった実に多様な素材の資料が含まれています（図42）。これらについても脱塩処理を行い乾燥させる必要がありますが、脱塩処理の過程で資料そのものの形状を著しく損ねる可能性があります。このように直ぐに処理することが難しい資料についてはひとまず冷凍庫に保管し、保存科学および保存修復をはじめとする文化財の研究者からのご助言をいただきながら、対処していきたいと考えています。

人文系資料の最後に、金属考古資料の安定化処理についてご説明いたします。このスライドは陸前高田市立博物館で展示されていました蕨手刀《わらびてとう》です（図43）。これらは一三年前に岩手県立博

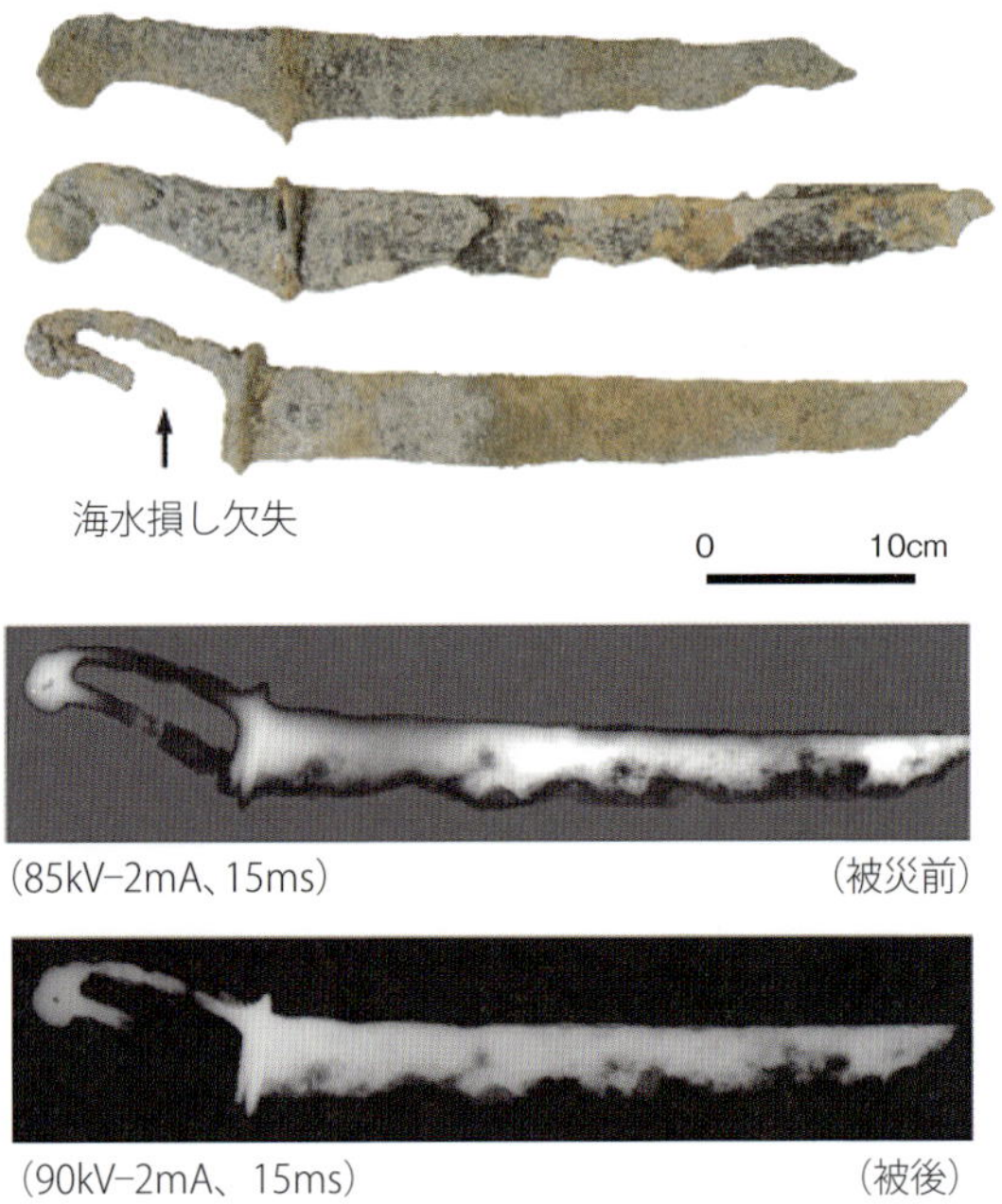

図 43 被災した蕨手刀の外観と X 線透過写真

物館で保存処理されました。図の一番下は陸前高田市指定文化財・毛抜形透《けぬきがたすかし》の蕨手刀です。柄《つか》の一部が欠失している他は目立った損傷もなく、一三年前とほぼ同じ状態でレスキューされたことがわかります。被災前と被災後のレントゲン写真からも明らかなように、顕著な錆化の進行はほとんどみられません。一三年前の保存処理によって劣化の急速な進行を免れたことを確認できました。これらの資料は目下脱塩処理を実施中です。

以上が岩手県立博物館で実施されてきた文化財の安定化処理の現状です。古文書をはじめとする文化財と並行し、岩手県立博物館では陸前高田市立博物館・海と貝のミュージアム、山田町立鯨と海の科学館から救出された、昆虫、植物、貝類標本、海藻標本、および液浸標本をはじめとする自然史系資料の安定化処理が行われています。レスキュー開始当初、自然史系資料、とりわけ生物標本については人文系資料同様、カビの除去に加え脱塩の重要性が議論されました。対象とする昆虫標本および植物標本は形態保持が難しく、長時間に及ぶ水洗は困難です。そこで、大学や自然史系博物館の研究者との間で措置方法についての検討が重ねられ、それぞれの資料について除菌と脱塩を加味した安定化処理手順が準備されました。

現在、昆虫標本については図44に示す手順に従って安定化処理が進められています。植物標本についてはエタノールと水道水、貝類標本についてはそれぞれに次亜塩素酸ナトリウム水溶液による洗浄処理を加え、除菌と脱塩が行われています（図45・46）。

微小資料を扱う自然史系資料の安定化処理には専門的知識と経験、および技術を必要とします。現在、緊急雇用制度を活用し、当該資料の取り扱い経験がある職員を任用すると共に、ボランティアの方々のご支援をいただいて安定化処理が進められていますが、安定化処理を必要とする資料は四万点を上回ることから、レスキュー活動が本格化した五月以降全国四二機関の協力を得、それぞれの機関に全体の約三〇％に相当する資料を送り、安定化処理を進めていただいています。

岩手県立博物館における被災文化財等のレスキュー活動について報告してまいりました。現在岩手県立博物館で進められている安定化処理の流れは、図47に整理されます。

最後に、現在の被災文化財等レスキュー活動が抱える課題について触れたいと思います。既に申し上げましたように、人文系および自然史系を問わず海水損した資料の安定化処理方法は未確立です。そこで、処理が終わった資料を何の対処もせずそのまま長期保管することはきわめて危険であり、劣化の進行が確実に防止されたことを確かめるための経過観察、すなわち目視による

1. 被災した資料の状況確認 → 学術的価値が喪失した資料 → 廃棄

2. 安定化処理可能資料の選別

3. 先端の細いピンセット他による大きい泥や砂粒の除去

4. エタノール・過酸化水素水混合溶液による資料およびラベル洗浄

5. 展翅板他による整形

6. 接着剤による結合

7. ラベルの転記

8. 自然乾燥

9. 新しいドイツ標本箱に収納

10. くん蒸

11. 安定化処理標本一覧表作製

被災資料

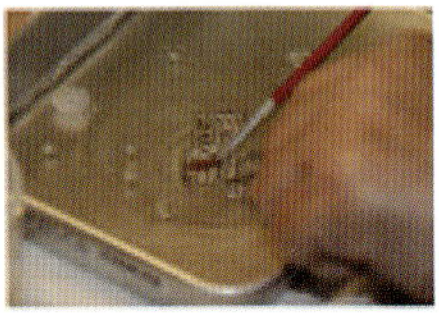

ラベル洗浄

洗浄した資料

ドイツ標本箱への収納

図 44　昆虫標本の安定化処理手順

1. 被災した資料の状況確認 → 学術的価値が喪失した資料 → 廃棄
2. 水損台紙の除去
3. エタノールおよび水道水による資料洗浄（脱塩）
4. 新聞紙に挟んでの自然乾燥
5. 熱風乾燥
6. 新しい台紙に固定（学術名の書き込み）
7. くん蒸
8. 安定化処理完了資料の一覧作成

被災資料

エタノールによる除菌

熱風乾燥処理

図 45　植物標本の安定化処理手順

1. 被災した資料の状況確認

2. 海水損した保管容器からの取り出し

3. 容器洗浄と乾燥
(次亜塩素酸ナトリウム水溶液による洗浄)

4. 海水損ラベルの確認と再ラベル

5. 保管容器への再収納

6. くん蒸

7. 安定化処理完了資料の一覧作成

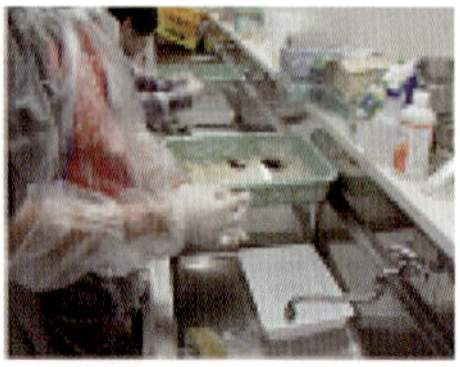

水道水による資料洗浄

洗浄した資料

水損ラベルの確認と再ラベル

図 46　貝類の安定化処理手順

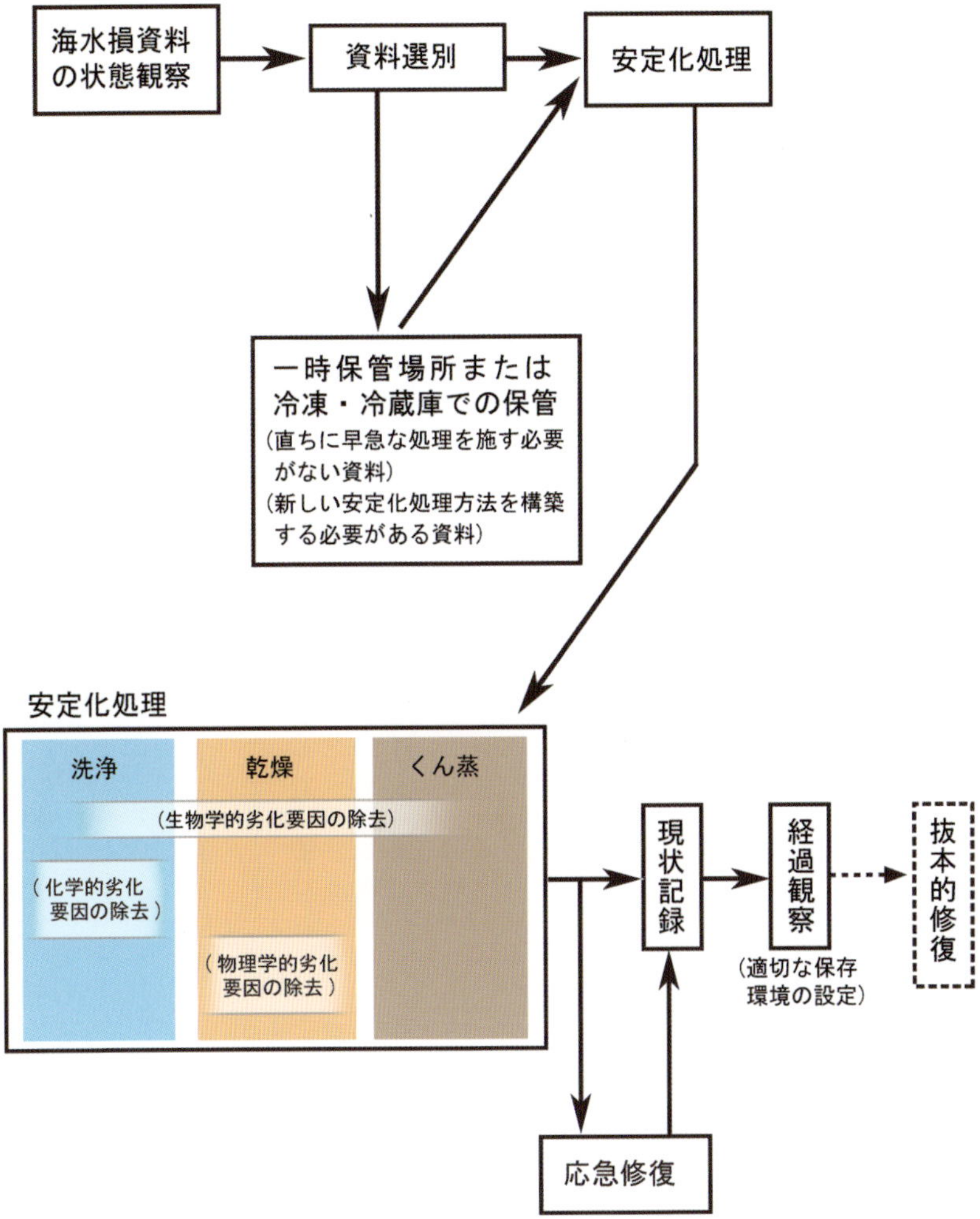

図 47 岩手県立博物館における海水損資料の安定化処理手順

定期的状態観察が不可欠です。併せて、資料の保存環境、とりわけ温湿度の継続的測定も行う必要があります。経過観察の実施に当たっては、他の収蔵・展示資料および収蔵・展示施設の保存環境に悪影響を及ぼすことのないよう、細心の注意を払わなければなりません。様々な措置にもかかわらず、劣化の進行をくい止めることができなかった資料からは、有害物質が発生する可能性があります。特に、素材上あるいは形態上の理由から十分な水洗を施すことができなかった資料については、有害物質の継続的発生が懸念されます。これまで適切に保管されてきた資料との共存を余儀なくされる場合、ガスバリア袋に封入するなど有害物質の拡散防止を図ったうえで、経過観察する必要があります。

安定化処理が終了した資料については定期的な経過観察と並行し、資料登録カードによる分類・整理を進めなければなりません。多くの機関がそうであるように、被災した陸前高田市立博物館、海と貝のミュージアム、および市立図書館でも収蔵資料のデータベース化が進み、収蔵資料に関する基本情報のほとんどがコンピュータに格納されておりました。レスキュー後、回収したコンピュータからハードディスクが取り出され、その復旧が試みられましたが、残念ながら機能回復させることはできませんでした。幸い、印刷された資料カードの一部、および情報の一部が格納されたCDが回収され、現在それらを頼りにレスキュー資料の確認作業が進められています。将来の大震災に備え、遠隔地にある他の機関にも収蔵資料データを保管する等、データベース管理システムの構築も今後検討すべき重要な課題と思われます。民俗資料のところでも言及いたしましたように、一点一点の資料に付随するIDもまた、リストと対をなし、被災資料の同定には必要不可欠です。その点で大震災以前から防水性のタグを具備していた陸前高田市立博物館の事例は、資料登録および整理に最新の注意が払われていたことを示しています。それでもなおタグが流失、あるいは資料自体が破断し一部しか残存していないようなものに関しては、資料整理の根本である資料の同定作業が未だに課題として残されていることも付言しておきます（図48）。

陸前高田市関連施設のレスキュー活動が円滑に進んだ最大の理由は、これまで被災施設と岩手県立博物館が築き上げてきた長い相互交流の歴史があります。被災施設のレスキューを行おうとしても、被災施設、とりわけ収蔵・展示資料とその保管場所、および資料の保管履歴に関する情報がなければ、レスキュー活動を開始することはできません。陸前高田市関連施設の場合、これまでの交流によってそれらの情報を事前に把握できたことが、レスキュー活動を円滑に進めることができた最大の理由です。このたびの大震災を契機として、博物館を中心とする関係機関の新たな広域的ネットワークが形成されつつあります。資料の安定化処理、さらには被災施設が有する本来の機能回復を継続的に支援し、今回のような大震災にも即応できる広域的ネットワークの整備も今後の重要な課題の一つです。

東日本大震災から四ヵ月半が経過した現在もなお、生活基盤の確立、および生産基盤の復旧を図りつつ、被災文化財および自然史系資料のレスキュー活動が懸命に行われています。やがて地域復興のシンボルの一つに位置づけられるにちがいない貴重な学術資料を一点でも多く次の世代に伝えるべく、最大限の努力を払っていきたいと考えています。今後もこれまで以上に皆様方の一層のご指導、ご支援をお願いいし、私の報告を終わります。

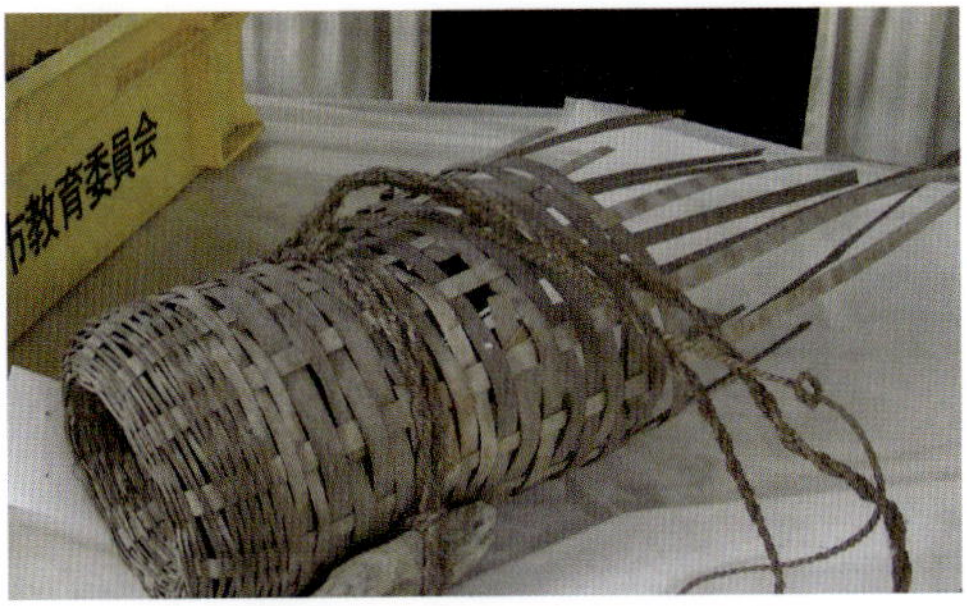

図 48　IDを欠失した資料

報告2

陸前高田市の被害状況

―博物館施設を中心に―

熊谷　賢
砂田比左男

陸前高田市海と貝のミュージアム兼陸前高田市立博物館の熊谷賢です。よろしくお願い致します。まず、今回の震災のこの大きな被害に対しまして日本全国の皆様から本当に温かいご支援をいただいておりますことに対して感謝申し上げたいと思います。ありがとうございます。

今回は陸前高田市の被害状況として、壊滅的な被害を受けました陸前高田市立博物館、陸前高田市海と貝のミュージアムの二館の博物館を中心にご報告させていただきます。私からは大まかに全体の報告を致しまして、その後、砂田から昆虫標本や自然史標本についての簡単な報告をさせていただきたいと思います。

三月十一日の午後二時四六分に大きな揺れを感じたわけですが、あの時、私は事務室にいました。パソコンに向かっていたのですが六分ぐらいあの大きな揺れが続きました。「これはただごとではない、間違いなく津波が来る」と感じました。その後三〇分ぐらい経ってから、皆さんもテレビ等の報道でご覧になっているとは思いますが、図1のような状況になっております。これは、岩手県立高田病院の四階から当時の副院長さんが撮影したものです。図1の左側に陸前高田

報告 2

図 1　県立高田病院４階からの様子（3／11）　　佐藤敏通氏撮影

市役所があります。これを見ますと市役所はまだ屋上までは、波は来ていなかったのですが、県立高田病院の方はすでに黒い水が、台風のときの大洪水のようなすごい勢いで三階まで押し寄せていたという状況です。それも海水に車や壊れた家屋などいろいろながれきが混じって流れて来るという状況でした。津波は白い波しぶきが立ってやって来たと言われていますが、これは家屋が倒壊したときにほこり状のものが飛び散って全体的に、白っぽい煙のように見え、それが白波のように見えたということです。

図2は波が引いた後の状況ですが、私が勤務していた海と貝のミュージアムが右下で、壊滅的な被害を受けてしまいましたが国の名勝である高田松原というきれいな砂浜が画面の下を斜めに横切るように約二《キロ》に渡ってありました。その汀線からだいたい三〇〇《メートル》ぐらいの地点にこの海と貝のミュージアムがありました。先ほどの図1の写真は左上に写っている県立高田病院で撮影された写真です。ですから津波は画面右下から左上方向に流れて行ったとご理解していただいていいと思います。

画面中央のやや左上に博物館、図書館、埋蔵文化財整理室がありました。その少し左上が市役所です。図3が市役所の写真ですが、市役所は全壊で行政機能が麻痺してしまい、震災直後は全く陸前高田の情報が外にも出せず、災害対策本部自体がその日には立ち上げられなかったという状況でした。

図3の左端にちょっとだけ写っていますのが市民会館で、ここに教育委員会が入っておりました。この写真に当時どこまで波が押し寄せたかを表しますと、このように屋上にまで海水が来ています。だいたい一五《メートル》ぐらいの高さです。直線距離で海岸線から約八〇〇《メートル》ぐらいの地点に陸前高田市役所があるのですが、そこでこのような状態でした。

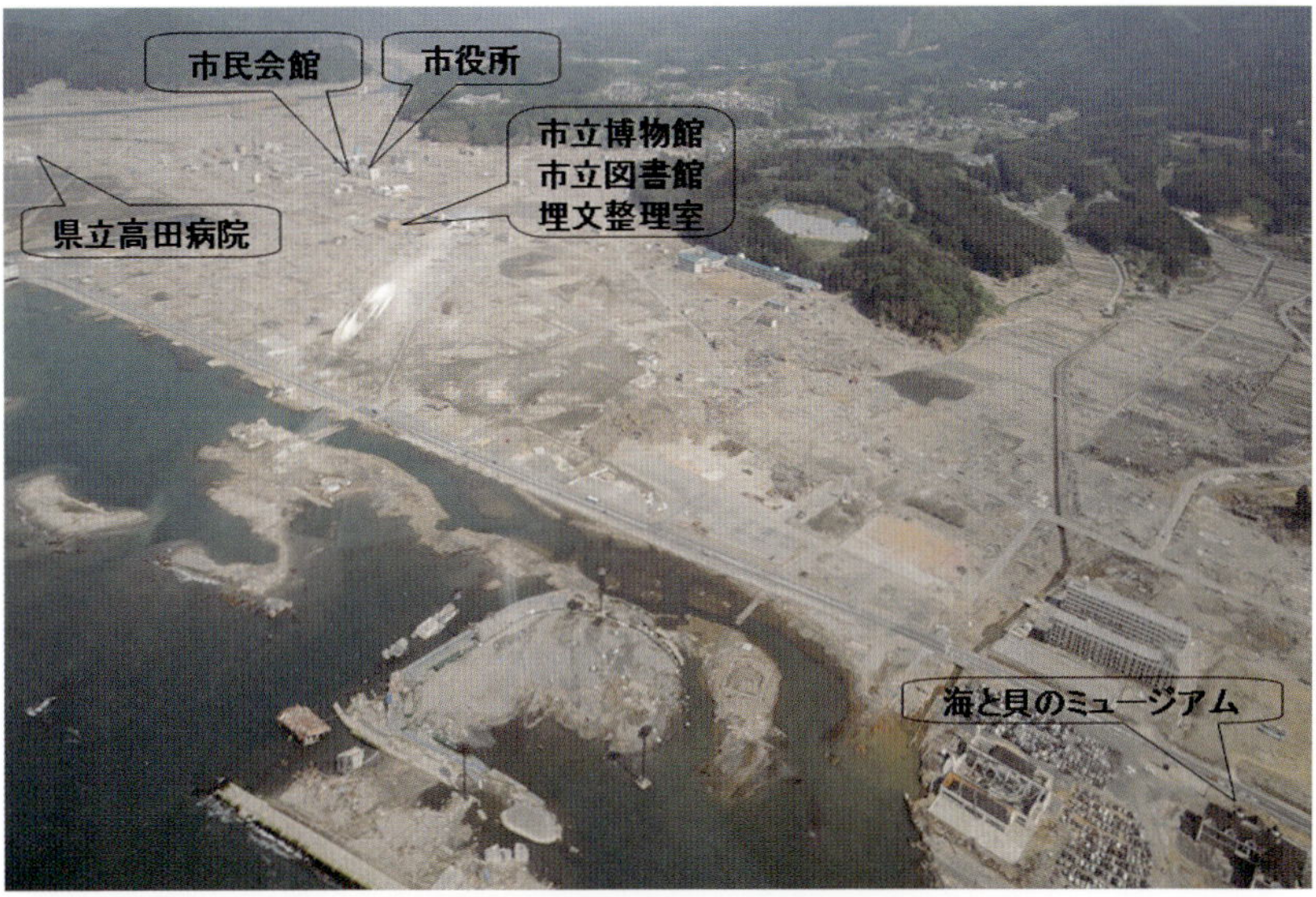

図 2　被災後の陸前高田市街地　写真提供：東海新報社

図 3　陸前高田市役所付近（3／27）（水色部分は浸水高）

私はあの日、大きな地震のあとに市役所に来て、屋上に避難していました。屋上にいて市民の方々と一緒に津波の襲来をずっと上から見ていました。最初は、一階、二階が水没する程度かなと思っていたのですが、市役所の向かい側の市民会館を見ていたら、「あ、一階が埋まった。二階が埋まった。まずいな」ということで、屋上にあるもう一段高くなっている部分に女性の方などを最初に上げて、お年寄りの方が二名ほどいましたので、その方々をよいしょ、よいしょと持ち上げていたときに、ふと市民会館の方を見たら、完全に水没して見えなくなっていました。そして、市役所の屋上ではちょろちょろと海水が入ってきて足元が濡れはじめ、壊れたどこかのお宅の柱がごろんと入ってきたりという状況でした。

そのとき、最初に思ったのは、屋上のこの壁が津波に耐えられるのか、この庁舎自体が耐えられるのかというようなことで、ちょっとだけ不安があったのですが、それでもこのような状況にありながら意外に冷静でずっと波を見ていました。幸いにも津波はそれ以上の高さまでは上がることはなく、だんだん引いていきました。津波はその後一階の正面玄関の上にある陸前高田市役所という文字が見えるか見えないかぐらいまで引いて行きましたが、再び次の波が来て二階まで上がっていったという状況でした。そして、一昼夜、経っても周りの水は完全には引けませんでした。

陸前高田市の人的被害の状況ですが、死亡者が約一五〇〇名以上、行方不明者も約三〇〇名でした。人口がほぼ二万四〇〇〇人ぐらいの市なのですが、人口の約一割近くが犠牲になってしまったということです。市の職員も七〇名近くが犠牲になっておりますし、嘱託職員や臨時職員まで含めると一〇〇名を超え、市の職員の約三分の一が犠牲になりました。したがって、行政機能も全く機能しない状況がしばらく続きました。

陸前高田市における文化財レスキューの体制ですが、先ほど岩手県立博物館赤沼英男先生からご報告があり、レスキューされるまで三週間かかったということでした。それは本当のことを申し上げますと、あの日、市役所の屋上であの津波を見て、そのままその夜、市役所の中で一晩過ごして次の朝、水が引いたのを確認してから災害対策本部になっている高台にある学校給食センターに、三〇分ぐらいかけて歩いて避難し、災害対策本部に到着してから即、被災者への対応の仕事に入りました。

避難所が市内各所に設置されましたので、その避難所に避難されている方の確認のための名簿作成が最初の仕事でした。しかし、停電のためパソコンなどは一切使用できず、A3の紙の束を渡され、定規で線を引く作業をしました。これを一〇〇〇枚作ってくださいということで、ひたすら次の日からお昼ごろまで線引きをしていました。それからそれぞれの地区に災害対策地区本部が設置されましたので、そちらに配置になり、避難所対応となり、ほとんど五月の連休前ぐらいまでは休みがないような状況で避難所の対応などに従事していました。

三月の下旬ぐらいまでは本当に避難所の対応でした。全国から届けられた救援物資の対応が主な仕事でした。しばらくして自衛隊によってきめ細かく物資などが運搬されるようになりました。それまではすべて、私の勤務した米崎地区では一七ヵ所ほど避難所があり、その避難所の物資がすべて一ヵ所に集められ、一七ヵ所ある避難所の避難者の人数によって割り振りし、その割り振りしたものを軽トラックに載せて運搬するという作業がひたすら延々と続いていました。

ですから、物資のトラックが来ると最初の頃は恐怖でした。水と米だけが来るのです。水がこれほど重いものかと感じたことはありませんでした。ようやく来た物資を配給して帰ってきたときにもうすでに別の救援物資を積んだトラックが来ていてと、本当に心身共にへとへとの状態でした。それが三週間ぐらい続いて、ずっと博物館や海と貝のミュージアムのことが気になってはいたのですが、なかなか動きたくても動けない状況でした。

　私が実際に海と貝のミュージアムに足を踏み入れたのは、それでもあの津波のあとの三日目でした。物資を配達したあとに空の軽トラックで行って、初めて中を見て状況を確認しました。それで三月の下旬ぐらいから少しずつ本務に戻れるような動きが出てきて、企画部長から、博物館の職員が皆犠牲になったので、海と貝のミュージアムと博物館の両方の館のレスキューをするようにとの命令が私に下りました。最初にまず博物館資料が判別できる人でないと回収は難しいということで、体制的には私と教育委員会の嘱託職員が二名、海と貝のミュージアムの嘱託職員が三名、それから臨時職員、これは国の緊急雇用でお願いしたのですが、これが前の市立博物館の嘱託の学芸員であったり、専門研究員の方、砂田さんなどもそうなのですが、いわゆる経験者にお願いをしました。現在の陸前高田市で考えられ得る最強のメンバーを集めて、実際に始動したのが四月一日からでした。それでも全員がそろったのは四月の下旬でした。

　レスキューの順序としては、図書館で所蔵していた岩手県指定有形文化財の『吉田家文書』、次に海と貝のミュージアム、市立博物館、埋蔵文化財整理室という順序で行いました。市立図書館の『吉田家文書』は津波から三日目に行ったときに、保管してあった重要書庫の扉が五センチほど開いていまして、開けてみようとしたら、一旦海水が入って外に出るときに中のものが戸口に皆集まって開かない状態でした。逆に考えれば、戸が開かないということは『吉田家文書』は海水に浸かったけれども、全て残っていると確信しました。

　それが三月の下旬ぐらいに、古文書解読会の方々が、自分達がずっと解読を手がけてきた資料ということで、なんとかレスキューしたいと教育委員会に働きかけていまして、それで業者さんに依頼し

陸前高田市立博物館

分類	点数
植物	14, 167
昆虫	30, 000
剥製（鳥獣）	304
貝類等	4, 836
岩石・化石	1, 349
考古	34, 229
民俗	23, 295
歴史	12, 357
美術	156
写真・スライド等	10, 663
文献等	13, 355
その他	671
合計	**145, 382**

海と貝のミュージアム

分類	点数
鳥羽源蔵コレクション	20, 545
千葉蘭児コレクション	29, 015
鳥海衷コレクション	9, 704
柵山コレクション	24, 096
海と貝のミュージアム	24, 640
合計	**108, 000**

埋蔵文化財整理室（回収分）

分類	点数
市内遺跡出土土器	コンテナ700箱
貝層・配石遺構の石等	土嚢袋500袋

図 4　収蔵資料点数

て鉄の扉を切って、資料を搬出しはじめました。そのとき私は別の仕事をしていて、教育委員会からその連絡が入りました。しかし、水損資料は急激な乾燥が資料に悪影響を与えるということで、一旦その作業をストップしていただきました。

岩手県内の博物館はそれぞれの館同士が非常に仲が良く、横のつながり、学芸員同士のネットワークができていて、そのネットワークを使って被災状況を電話連絡して、最終的には一関市博物館の方にお願いしました。一関市博物館の方が「分かった、岩手県立博物館と連絡を取りながらすぐにレスキューに入る」ということで行動を起こしていただきました。ですから、吉田家文書に関してはレスキューされてから、移送されるまでに二日ぐらいでほとんどを運び出せましたので、手をかけてからは非常に早かったです。

海と貝のミュージアムが二番目になったのは、あとでも出てきますが、海に近かった分だけ海水だけが入ってきて余計ながれきが入っていないということで、資料を回収するのにはいちばん容易な状況でした。それに海に近かったので、あのあとも余震がありましてかなり危険な状態があったので、まず海の近くの方をレスキューしようということになりました。それが正しかったのかは今でも分かりません。

市立博物館はがれきでいっぱいで惨憺たる状況でしたので、海と貝のミュージアムの次だなと考えました。埋蔵文化財整理室は建物自体がほとんど壊滅状態でしたので、資料がほとんど残っていないのではないかということで最後に回したのですが、実はこれがかなり残っていました。

収蔵資料点数（図4）ですが、埋蔵文化財整理室だけは回収分だけです。市内遺跡出土の土器類、これは細片なのですが、これがコンテナで七〇〇箱ほどありました。陸前高田市は貝塚が非常に多いので、その貝層ですとか、門前貝塚という弓矢状配石遺構が確認されている有名な貝塚ですが、そこの配石にからんだ石、丸い玉石のようなもの等々が土のう袋五〇〇袋でした。

市立博物館の被災前の資料点数ですが約一五万点。未登録を含めると一五万を超えます。海と貝のミュージアムは約一一万点で、二館合わせて二六万点ありました。

特に市立博物館の場合は総合博物館でしたので、自然史系、人文系、とにかくありとあらゆるもの、それこそ土器から昆虫、漫画までという状況で、なんでもありの博物館でした。

それぞれの施設ごとの被災状況です。市立図書館（図5・6・7）は職員六名全員が死亡。館内はすべて水没してしまっています。中二階の書庫と『吉田家文書』が入っていた重要書庫の図書を除いて、閲覧室の開架図書などはほとんど流出してしまいました。先ほども触れましたが『吉田家文書』は水損したものの流出は免れました。

図7が四月二日の段階の状況です。だいぶ片付けられてルートが確保されている状況です。図6は一階から二階に上がる階段なのですが、それでもこういう状態です。二階にいたっては、ここ（図7）は閲覧室なのですが、足の踏み場がないという状況でした。

図8は『吉田家文書』の搬出の様子です。乾燥を防ぐために全てビニール袋に密封して、ここは二階でしたので、ここからコンテナに入れて、ひもでぶらさげて、降ろしました。

図9は行政文書の搬出状況で『吉田家文書』の何倍の量があるのだろうかというぐらいたくさんありました。明治初頭から、昭和三十年に陸前高田市として市制が施行されていますが、それまでの旧役場の文書関係がこれだけあって、これも『吉田家文書』とともに岩手県立博物館に行って赤沼先生を困らせているという状況です。

続いて海と貝のミュージアムの被災状況です（図10）。海と貝のミュージアムは一一万点の標本を有する博物館相当施設でした。ここは教育委員会の管轄ではなく、商工観光課の管轄で、観

図 5　市立図書館の被災状況

図 7　市立図書館 2 階（4／2）

図 6　市立図書館 1 階（4／2）

図8
吉田家文書等搬出準備（4／2）

図9
市立図書館所蔵行政文書の搬出作業（4／2）

図 10　海と貝のミュージアムの被災状況
約 11 万点の貝類標本を収蔵する博物館相当施設

光的要素の強い博物館でした。職員の犠牲は、臨時職員が一名死亡しております。これはその日私と一緒に勤務をしていた、四月から嘱託職員になる予定だった、大学を卒業したばかりの者でした。その彼が一緒に逃げているのですが、先ほどの市役所の前に市民会館がありましたが、あの日、みんなが市役所に避難した際に市役所の前、市民会館のちょうど隣が大きな公園になっていて、ほとんどの方がそちらに避難していました。ちょうどそのときに家族の方が市民会館の前の辺りにいて、それで彼はそちらに行った。そうしているうちに「津波が堤防を超えたので高いところに上がってください」という最後の放送があり、そのときに市役所に入らずに市民会館に入ってしまったのです。あそこが本当に運命の分かれ目でした。それで残念ながら一名亡くなってしまいました。

館内はすべて水没しております。展示室内の標本の半数以上は流出してしまいました。収蔵庫内の標本についても、収蔵庫になぜか窓があるため、その窓から海水が入ってしまって、貴重な標本もあったのですが、標本棚がかなり流出してしまいました。

しかし、不幸中の幸いというか、中二階的な、どこの外壁にも接していない倉庫があり、そち

図 11
海と貝のミュージアム：エントランス（4／7）

図 12
海と貝のミュージアム：発見の部屋（4／7）

らに所蔵していた貴重標本、北太平洋のエゾバイ科の貝の模式標本が五〇点ぐらいあったのですが、それは倒れた耐火金庫に入ったまま、流出せずに残っていました。それからクジラのはく製としては日本最大のツチクジラ、愛称「つっちぃ」ですが、これは流出を免れました。

図11はミュージアムのエントランスの部分ですが、比較的がれきは入っていなかったとお話ししましたが、ここが一番がれきが多かったように感じます。エントランスに家の屋根が一軒分まるまる入っていました。図12はエントランスから入って、右手にある「発見の部屋」という吹き抜けの大きな部屋なのですが、ここはがれきが市立博物館と比較してかなり少ない状況でした。

図13は二階の貝たちの部屋という展示室で、図はだいぶ回収作業が進んだ状態です。室内にあった展示ケースなどは横倒しになり、中央左側に写っている三角形展示ケースなどは三台あったのですが、一台だけ残って二台は館外に流出し発見されませんでした。

資料はかなり散逸していたのですが、特に収蔵庫にあった貝類の標本などはいわゆるチャック付のポリ袋に一点一点入っていて、それが浮いてしまうのです。図の左側は壁面のケースですが、この壁面のケースの後ろ側に二、三センチぐらいのすき間があるのですが、こういったところの裏側にまで標本の入ったポリ袋が流れ込んでいました。ですから、想定される場所はすべて壊しながら探しました。

最初の頃は四人ぐらいのスタッフでレスキュー作業をしていましたが、四月の中旬から下旬ぐらいにかけて海と貝のミュージアムのレスキュー作業はほぼ回収のめどを立てました。この時点では自衛隊の支援も入っていなくて、岩手県立博物館の方々が手伝ってくれていました。写真には写っていないのですが、展示ケースが図右上の天井の梁の上に引っかかっていますし、高田松原の松が館内に流れ込んでいて、とにかくひどい状況でした。

図14は「研究者の部屋」というもう一つの展示室なのですが、ここは展示ケース自体が室内でめちゃくちゃの状態でした。図は被災直後の状態で、中にも入れない状況でした。

図15は一階の「観察・体験の部屋」という展示室ですが、中央奥に見えるのがツチクジラの剥製です。これは太いワイヤー二本で吊ってありましたので、うまく波の抵抗を避けたのか、私が三日目に行った時には無事でした。この剥製はかなり状態が良かったです。剥製自体は表面がFRPのようなコーティングがされているのですが、そのおかげなのか、そのFRPが若干割れたぐらいで大きな破損は見られませんでした。

図左側の壁面には何もないのですが、この左側壁面と右側壁面には水族がいまして、陸前高田市の三陸沖で見られる魚などが入って元気に泳いでいた大きな水槽がありました。水槽があったとも思えないような、見る影もない状況です。

図16は二階の収蔵庫で、先ほどお話した窓が図の中央奥にあって、ここから海水が勢いよく入ってきて標本棚を持っていってしまいました。中央にある大きな標本棚ですが、背中合わせで二台あってかなり大きなものなのですが、残っていたのは一台だけでもう一台は流出して見当たりませんでした。写真は回収がほとんど済んだ状態なのできれいな状態です。

このように、海と貝のミュージアムのレスキューは、極端に言えば貝だけを拾い集めるという状態でしたので比較的スムーズに作業は進みましたが、数が多いことと、顕微鏡で見なければならないような小さい標本まであり、それでも作業自体は困難を極めました。それでもこのようなかたちで一点一点拾い集めて（図17）、仮収蔵施設である山間部の閉校した小学校に移送していきました。

図18は最終的には国立科学博物館にお願いしたのですが、ツチクジラの剥製を移送するための

図 13　2 階展示室（貝たちの部屋 4／7）

図 14　2 階展示室（研究者の部屋 4／7）

図 15　1 階展示室（観察・体験の部屋 4／7）

図 16　2 階収蔵庫（4／7）

図 17　資料回収作業（4／7）

図 18
国立科学博物館によるツチクジラの移送準備（5／29）

図 19
ツチクジラの移送
（国立科学博物館つくば収蔵庫へ 6／29）

準備です。「どう運ぶのか」担当してくださった山田格先生にはご苦労をお掛けしました。全長が九・七メートルあり、重さが五〇〇キロぐらいあります。表面にコーティングされたFRPの割れた部分から海水が入っていたので、実際は六〇〇キロ近くの重さになっていたと思われます。これに、手前に鉄パイプの枠がありますが、後ろにも枠をやって吊るという移送のための作業を進めました。

　これから一ヵ月後の六月二十九日につくばの収蔵庫に移送していただいて終了しました。お腹のあたりがコーティングがはがれた部分です。しっぽなども波の影響で壁にぶつかったのか少し割れたりしていました（図19）。

　続いて市立博物館の状況です（図20）。市立博物館は昭和三十四年に東北地方の公立博物館としては登録第一号として開館した博物館です。ですから資料が約一五万点と非常に多い館でした。私も平成七年から十五年まで九年ほどここに勤務させていただきました。

　博物館の状況は、先ほど平川先生からもありましたが、職員六名のうち五名が死亡、一名が今でも行方不明となっています。館内はすべて水没していました。海と貝のミュージアム同様、やはり一、二階の展示室内の資料が半数以上流出し、一階の収蔵庫も一部の資料が流失していました。二階の収蔵庫に関しては、扉が破かれて海水がすべて天井まで入ったのですが、一部の資料を除いてほぼ残っていてくれました。

　図21が三月二十三日の震災後のまだ手付かずの状態のときの写真です。図の左側が玄関ですが、ここに大きなワゴン車が一台入っていました。その後の方に丸い石がありますが、これはピエール・セカリーの彫刻で大きいものなのですが、図左手前の台座の上に載っていました。これが玄関先まで引き波で運ばれています。

図 20　陸前高田市立博物館の被災状況

図 22　玄関前の状況（4／12）

図 21　レスキュー開始前の陸前高田市立博物館外観（3／23）

図 23［上右］階段付近（4／12）

図 24［上左］2 階展示室（4／13）

図 25［中央右］1 階展示室（4／21）

図 26［中央左］1 階展示室（4／21）

図 27
1 階展示室瓦礫撤去後：床面に 50㎝以上の砂が堆積

見るからに、ほかの家の屋根のようなものが見えますが、家が一軒まるまる入ったような状況です。歩く場所もないほど、がれきが多かったです。私が三日目に入ったときも、市立図書館はなんとかがれきを避けながら歩けたのですが、市立博物館はもう中には入れないという状況でした。

図22は四月十二日の写真で、岩手県立博物館の方々に応援に来ていただいて、資料を運び出すためのルート確保を行っているところです。がれきに覆われた階段があるのですが、二階まで上がれるルートを確保しようと作業を進めている最中のところです。

図23は階段付近です。階段に畳があります。これは資料ではないです。資料で畳もあったのですが、要するに一軒まるまる家が入っていました。いちばん困ったのは、漆器のたぐいを回収していて、いわゆるプラスチック製の漆器がかなり回収されたのですが、それが現場での回収の段階では一点一点見ている余裕もなく、あとになってよくよく見たら、これはほかの家で使っていたものだというものがあり、民具なのか普通の住宅にあったものなのか見分けがつかないような状況でした。

図24は二階の展示室で民具を展示していたところです。人力車が図の左側に無残な姿でありました。図の奥の方にも壁面の展示などがあったのですが、大きいパネルが残っているだけで、資料がどこにあるのか分からない状態でした。

図25は一階の自然史系の展示があった部分で、何も残っていない状態です。椿島というウミネコの繁殖地で国の天然記念物になっている島があるのですが、図の左側にそこを再現したジオラマがありましたが、もう見る影もない状況です。

図26は一階の展示室の考古の展示があった部分です。国指定史跡中沢浜貝塚などから出土した

骨角器や土器、石器、あるいは小泉遺跡から出土した墨書土器といった、考古学上重要な資料がたくさん展示してありました。写っているがれきを取り除くと図27のような状態で、床面に五〇センチ以上も砂が堆積していて、その砂の中から資料を掘り出すという作業を行いました。砂も乾いた砂ではなく、湿った状態でしたので、本来であればこの砂を篩いにかけながら回収したかったのですが、それもままならぬということでとにかく掘って見つけるという状態でした。

図28が階段にあがるところです。右手にトイレ、研修室、作業室に行くところがあるのですが行けない状態でした。図の中央奥の壁、がれきに埋まって見えませんが、ここの壁に展示室側から収蔵庫に入れる扉がありました。図の右手、この奥に作業室があって、そこにも扉があって収蔵庫に入れるようになっていたのですが、どうやら引き波が来て、建物の背中側、海に面している側には窓ガラスがなかったので、そのときの襲来ではあまり被害はなかったようなのですが、引き波が館内に入って、どうも渦を巻いたようで、どこにも抜けるところがなくて、展示室から収蔵庫に通じる扉を破り、作業室への扉も破ってドーンと抜けていった形跡が見られました。ですから収蔵庫内の手前側にあった資料が流出しています。

図29が一階の収蔵庫の状況です。中央に写っているスチールの棚なども曲がってしまって、これらを取り出すのが大変でした。一番左側の棚にある段ボール箱に入っている資料、これが植物標本です。一万五〇〇〇点ほどありました。この図の手前側を左から右に横切るような形で波が通っていきました。

図には写っていませんが、スチール棚の奥にも棚があるのですが、この奥の棚には昆虫標本などが保管してあって、図の右側の棚には明治期からの古い学校日誌などの学校関係の資料や考古資料などが保管してありました。それから、一部、鳥や哺乳類の剥製もありました。

［右上から時計回りに］

図 28　1 階展示室階段付近（4／21）

図 29　1 階収蔵庫（4／21）

図 30　2 階収蔵庫（4／21）

図 31　1 階研修室（4／21）

図 32　研修室での資料回収作業（4／21）

図30が二階の収蔵庫で、扉がきれいになくなっていますが、中は物がぎゅっと詰まった状態で、ここはあまり流出がありませんでした。

図31は一階の研修室です。ここの棚などには、民俗資料台帳や考古資料台帳などがびっしり入っていた場所ですが、残念ながら台帳はほとんど流失し、数えるぐらいしか回収できませんでした。台帳の流失は今後の資料の復元、流失資料の把握といった作業において非常に重要ですので、今後の作業は困難を極めるものと予想されます。

図32も研修室の状況ですが、がれきを取り除くと展示室同様五〇センチぐらいの砂が堆積しており、ここで発掘調査のように一点一点資料を掘り出す作業を行いました。土器片などのいろいろな資料がここから発見されています。ちょうど平川先生が仮収蔵施設である旧生出《おいで》小学校にいらっしゃったときにご覧いただいたのですが、「厨」と墨書された須恵器もこの部屋の窓際から発見されています。実はこの墨書土器は展示室に展示していたものです。展示室にあったものが研修室まで流されていました。よく窓から流出しなかったなと思います。

図33は国指定史跡である中沢浜貝塚から出土したツキノワグマの基節骨の穿孔品です。骨角器は約一七〇〇点所蔵していたのですが、約一〇〇〇点が回収できています。

先ほど赤沼先生のご報告で、過酸化水素水を使って黒く変色したものを処理したというお話がありました。これらの骨角器はプラスチックケースに一点一点脱脂綿を入れて保管していたのですが、ケースの中に海水が入り、その水が腐ってしまって、たまった水が真っ黒になるのです。ヘドロ状の真っ黒い水になって、おそらく硫化鉄か何かで黒くなるのだと思いますが、硫化水素のようないわゆる卵の腐ったような臭いを発していました。その黒い水の中に入っていたものは、本来は黄白色というか白っぽいきれいな色をしていますが、まるで炭化したように真っ黒に

図 33
1 階展示室床面付近から発見された骨角器
（4／21）

染まっていました。それで赤沼先生にいろいろとご相談して処理方法などを教えていただいているところです。

単純に水洗いをして砂を除去すればいいかなと思っていたのですが、洗って二、三日水に浸けてエタノールを噴霧して乾燥させてみたのですが、乾いてはいるのですが触ったときに「べとつき感」が残ってしまいます。それで二日ぐらいでは足りないのかなと思い一週間水に浸けてみました。一週間浸けてみても結果は同じで、要するに何かバクテリアなのかよく分からないのですがそういったものが残っていて、たぶんこのまま置いておけばカビが発生してしまうだろうという状況でした。特にシカの角を使っているような製品などは海綿質の奥の奥にまで入り込んでしまっていて、これは薬品処理等々を考えなければならないのかなということで、最終的には骨角器は被災文化財等救援委員会にお願いしまして、奈良文化財研究所で処理をしていただくことになりました。

それから骨角器で困ったことは、骨針のような長い資料などが、二つ、三つと割れてしまって、どれがどう接合できるのかが非常に分かりづらい状態にありました。大量にそういう資料があり、復元まではかなりの時間がかかるだろうと感じています。

図 34
自衛隊による回収作業協力
（4／26）

図 35
1 階収蔵庫での回収作業
（4／26）

図 36　自衛隊による 2 階展示室からのカッコ船の搬出（4／28）

図 37　1 階収蔵庫から回収された資料（4／30）

図34は四月二十六日から自衛隊、青森県の第九師団の方々が博物館内のご遺体捜索という目的でがれきの撤去に入っていただきました。結果的にご遺体は発見されなかったのですが、その後、ほぼ現地での一次レスキュー（資料を回収する作業）が終了した六月の中旬ぐらいまでずっと作業を手伝っていただきました。

自衛隊の方々の応援が入ってからは非常にスピードアップしました。それまでは、資料の移送は軽トラックで博物館から約一六キロ離れた所まで一生懸命運んでも一日せいぜい四回ぐらいです。平時の交通事情であれば一時間ぐらいで行って帰ってくることができるのですが、当時は道路事情も悪く、すごく混雑していまして、行って帰ってくるだけで二時間かかるという状況で、資料を移送するのもままならない状況でした。自衛隊の方々が入ってきていただいてからは、二トントラックを三台ぐらい用意していただいてドンドン運んでいただきました。それで何とか一次レスキューを終了することができました。たぶんこの方々がいなければ未だに博物館で作業を続けていたと思います。

図35が一階の収蔵庫での回収作業です。このスチール

棚は、最終的には壊しながら中の資料を回収しました。壊すと言っても鉄ですので、切るのもなかなかままならない、解体しようと思ってもボルトやナットが錆びて固くなって思うように解体できない。たいへん苦労をさせられました。

図36は二階に展示してあった、陸前高田市では「カッコ船」と呼ばれている沿岸漁業で使用される和船なのですが、これをなんとか降ろしたいと思い、最初は吊って降ろそうということになったのですが、船体自体がもたないのではないかということで、最終的には自衛隊員一八人がかりで、この狭い階段を降ろしていただきました。

収蔵庫から運び出された資料は、砂や泥だらけなのですが、残ったコンテナを使って大ざっぱに分類しました。本当はきちんと考古の資料でも土器、石器などと分類できればよかったのですが、もうそういうことを言っている場合ではない、とにかく運び出せという状況でしたので、それを一階のきれいになった展示室のところに出して大ざっぱに分類したところです（図37）。

この図37の左側に大きい石が写っていますが、実はこれは屋外展示の化石がいっぱい入っている岩体で、屋外にあったものがここに入ってきていました。これは、日本地質学会のご協力を得て移送を完了し、この移送によって一次レスキューが完全に完了しました。

図38が一階の収蔵庫から搬出された昆虫の標本です。これは残った標本の中では非常に状態が良いものです。標本箱のガラスが割れ、中に土砂が若干入りました、被災した標本の中で最も良い状態のものです。昆虫については後ほど砂田から報告していただきますので割愛します。

図39が先ほど赤沼先生からご報告がありました植物標本です。当館の場合は植物標本を台紙に貼って、一点一点ビニール袋に入れ、段ボール箱の中に積み重ねて保管していました。箱の上にあったものはこのように海水が入り込んでひどい状況になっていますが、割と多めに入れていた

ので、ちょうど積んである真ん中辺の標本は、ビニール袋の口を折り曲げていたためか、中に海水が入らず比較的状態がよく修復も可能だったようです。やはり一点一点ビニール袋に入れていて良かったのかなと今になって思っています。

図40が二階の収蔵庫からの回収状況です。二階にはいわゆる民俗資料が保管してありまして、高田歌舞伎と呼ばれていた地元の歌舞伎の衣装が入った衣装ケースなどもありました。ケースの蓋はきちんとしてあったのですが、外に運び出してみましたところ、先ほども言いましたように黒い水がケースいっぱいに入っていました。図41は自衛隊の方が柄杓を使ってこの黒い水をかき出しているところです。この水が硫化水素のようなちょっと鼻を突くような臭いでとても厳しい状況でした。

図42が二階収蔵庫から搬出した民具です。すでにカビの発生、塩分の析出があり、白っぽく見えています。特に民具の難しいのは、木に藁が巻いてあるなど異なる素材を用いた資料があることです。この藁の部分がカビやすいのです。ですから民具資料の多くはカビの発生が見られました。

図43は館内から掘り出した砂を博物館の裏側に一旦集めておき、その砂の中から資料を回収しているところです。最終的にこの砂を乾燥させてからもう一度篩いをかけようということで、館内の回収が終わったあとにこの砂山を全部ふるいにかけて資料を回収しました。そうしましたら、この砂山の中から骨角器が一〇〇点ほど見つかりました。かなり大きな、市の指定文化財になっている青銅製の銚子《さしなべ》があるのですが、それが「ない、ない」と言っていたら、ここの中から出てきました。がれきなのか何なのか分からない状況で回収していたこともありますし、館内は発電

図 38　1 階収蔵庫から搬出された昆虫標本（岩手県立博物館 4／30）

図 39　1 階収蔵庫から搬出された植物標本（岩手県立博物館 5／8）

図 41　2 階収蔵庫から搬出された衣類ケース
（黒く濁った海水で満たされていた 5／6）

図 40　2 階収蔵庫からの回収作業（5／6）

図 42　2 階収蔵庫から搬出された民具類（5／7）

機を使って投光器で照らしながら回収していたので、見つけにくいということもありました。この砂の山からかなりの数の資料が回収されています。

図44が博物館から一六キロぐらい離れた山間部にある閉校となった小学校を利用した仮収蔵施設です。ここは、実は今年の三月三十一日まで使われていた小学校で、四月一日から統廃合で閉校になりました。実は三月二十一日に閉校式をやる予定だったのですが、三月十一日のあの大震災がありまして、閉校式はまだ行われていません。

この学校は小規模校ですので教室自体が狭いのです。ここに移送する前に、博物館から近いところに中学校があり、そちらの校舎が今、耐震の関係で使えず空いているということで、教室に若干大きい民具などを自衛隊の方々にお願いして運んだのですが、残りの資料を小学校に移送する段階で、小学校にも避難者が九〇名ほど入るかもしれないということになり、全部の教室が空いているのですが使用可能と言われたのが一階の調理室、保健室、校長室、職員室だけでした。校長室や保健室は小さいですし、職員室もそのまま机などがあって使いづらい。そのようなことであったために中学校に運んだのですが、最終的には小学校には避難者は来ないことになり、中学校に運んだ資料も含めてすべて一気に小学校に移送することになりました。

そうしたらまたいろいろな制約がありました。小学校を閉校するに当たって地元のコミュニティの方々と取り決めのようなものがあったらしく、職員室、校長室、保健室、調理室は地域のコミュニティが使用する約束になっていたようです。その代わり二階は全部使用してもいいということで二階に運び入れることになりました。体育館が校舎の後ろ側にありますが、体育館が使えれば全然問題なかったのですが、実は体育館は救援物資の置き場になっていて段ボール箱がびっしり詰まっていました。ですから、七月ぐらいに空けるのでそれまでは使わないでくれとい

図 43　博物館裏の排土からの回収作業（6／8）

図 44　仮収蔵施設（旧陸前高田市立生出小学校 6／7）

うことでした。この体育館も十月には、ほぼ全面使用できるようになり、半年以上経過した時点でようやく資料の収納場所の問題が少し解消されつつあります。

被災地では市内に残っている公共施設はすべて使用されてしまいます。遺体安置所に使われているところもありましたし、救援物資の置き場に使われているところもありました。救援物資は被災していない民間の施設をお借りしてどんどん置いていったりしていたのですがそこが平時のように機能し始めたので動いてくださいという立ち退き命令が出て、置く場所がなくて体育館に集積されていたという状況です。このように震災直後は博物館資料を避難させる場所がないというのも大きな課題になります。閉校となった小学校がなかったらどうなっていたことかと考えてしまいます。

図44の手前には大型の漁網が置いてあります。脱塩のため雨に少し当てようかと置いていたものですが、なかなか長くも置けないという状態でした。

図45は二階の教室です。私の誤算だったのは、この小学校に移送する前に中学校の教室を三つ使って仮収納したのですが、この小学校に来て何か妙な違和感を感じました。実は中学校とここの小規模校では全然教室の大きさが違うのです。すごく小さい部屋でした。極端な話、中学校で教室三つ使っていたのがここの小学校に来ると四つか五つぐらいないとだめだという状況でした。しかし、教室は三つしかありませんし、棚も何もありませんでしたので平置きの状態でとにかく詰め込んでいったという感じです。

図46は海と貝のミュージアムの貝をすべて、理科室に集約した状況です。比較的少ないように見えるのですが、実は見えていない部分にもたくさん標本があって今は足の踏み場もない状況でした。

図 45　旧生出小学校仮収蔵施設保管状況（市立博物館資料 6／7）

図 46
旧生出小学校仮収蔵施設保管状況
（海と貝のミュージアム資料 6／7）

図 49　北海道開拓記念館・開拓の村による軸物の応急処置応援（6／15）

図 47　脱塩用の簡易プール（6／7）

図 50　骨角器の洗浄作業（6／16）

図 48　古い教科書類の乾燥作業（6／7）

図 51　漁網の乾燥（7／6）

図47は資料の脱塩をしなければならないということで、海と貝のミュージアムでよく教育普及活動で使っていたタッチプール、塩ビのパイプを組んでシートを使って作ったプールに海水を入れて磯の生物を放して子ども達に触れてもらうというものがあるのですが、それを転用して、水を張って脱塩をしました。図に写っているのは籠のたぐいなので、まあまあ、よかったのですが、そ嬰児籃《えじこ》、陸前高田市では「えんつこ」と言いますが、赤ちゃんが入る藁でできた入れ物です。それを浸けました。脱塩後、乾燥させようとしたら一ヵ月たっても全然乾燥しない。これで学んだのは、のは、藁製品は洗うことはあっても水に浸けてはいけないということでした。もうどうしようもなくなって、エタノールなどをふっていたりもしたのですが、カビがなかなか止まらなくて、どうしようもないので、最終的に赤沼先生にお願いした次第です。

図48は古い教科書のたぐいです。このような紙資料が大量にありました。これは救援委員会などから送っていただいた扇風機を使って風乾させているところです。

いろいろと応援も来てくださいました。図49は北海道開拓記念館・開拓の村の方にいらしていただき、軸物、これは石碑の拓本です。今は無くなった石碑もあって貴重な資料になるのですが、この拓本の軸物が二〇〇近くありまして、カビが発生しているということで、冷凍していたものをいったん解凍し展開していただいて、エタノールを噴霧してカビを止める応急処置をしていただいたところです。

図50は骨角器を洗浄しているところです。先ほどもお話ししましたが、何度洗浄してもべとつき感が残ってしまうという状況が骨角器には見られています。

図51が先ほど山になっていた漁網を乾燥しているところです。梅雨の時期に入って、カビが心配でしたので、梅雨の晴れ間を見て一気に広げて乾燥させたという状況です。この校庭全部が漁

図 52
岩手県立博物館による
考古資料洗浄応援
（6／24）

図 53　植物標本の処理作業（岩手県立博物館）

図 54
昆虫標本の修復作業
（岩手県立博物館）

網だけで埋まりました。

図52は岩手県立博物館の方々による資料の洗浄作業で、交代しながら毎日のように応援に来ていただきました。これは考古班の方々の洗浄の応援の様子です。図53は先ほどもありましたが、岩手県立博物館での植物標本を全国の三〇を超す博物館に処理をお願いするための発送準備作業です。図54も先ほどありましたが、昆虫の修復作業です。破損した虫体や脚などを丁寧に接合しています。このように細かくやっていただいています。

次に埋蔵文化財整理室です。図55が建物のあった場所ですがほとんど建物がない状態でした。ここには市内の遺跡発掘調査で出土した遺物が全部集約されていましたが、事務室などがあったところが若干残っていただけで、資料はほとんど流失したと思われていました。博物館のレスキューがある程度目途が立ってからこちらでの回収作業に取り掛かったのですが、砂が非常に厚く堆積していて、その砂の中にビニール袋に入ったままの土器片が大量にあることが判明し（図56）、二週間以上かけてすべての資料の回収作業を進めました。その最中に市町村の教育委員会の方々にいろいろと応援に来ていただいて、このように回収しました（図57）。

今回のレスキューの経緯ですが、三月下旬ぐらいから実際は動き始めました。体制的に整ったのが四月の下旬ぐらいからです。一部の資料を除いて、六月の中旬ぐらいには一次レスキューをほぼ完了できました。これは岩手県内の博物館のネットワークや市町村教育委員会のご協力によるところが大きいです。

資料の一部は津波によって流失しましたし、すべてが海水損していています。レスキューされた資料の多くが破損していましたが、予想以上に回収できているようです。ただ回収率自体は不明です。回収した資料は閉校となった小学校、仮収蔵施設と呼んでいますが、そこに移送して救援委員会や岩手県立博物館の技術的な指導をいただきながらクリーニング作業や燻蒸を行い、保存に向けた作業を進めています。

具体的には、自然史系の資料は岩手県立博物館から西日本の自然史系博物館のネットワークなどに呼びかけていただき、全国の三〇を超える博物館、大学等の協力を得て、保存修復を行っていただいています。人文系の資料に関しては救援委員会や岩手県立博物館等の協力を得ながら現地で作業ができる環境を整備しながら進めています。

今後の課題ですが、今、植物、昆虫の標本等が全国に保存修復等を依頼していますが、修復が完了し、返却できる状態になったときに、今の状態では返却が受けられないということです。保存環境が整っていませんし、空調設備もありません。カビや菌の問題もあります。今返却を仮に受け入れたとしても、おそらくまたカビが発生してしまう状況になると思います。そういったことで、資料にとってより安全な保存、保管場所の確保が必要になってきます。

図 55
流失した埋蔵文化財整理室

図 56
埋蔵文化財整理室回収作業
（5／18）

それから、赤沼先生からもお話がありましたが、書籍などの紙資料は、乾燥して、泥や砂を払い落としただけでは、塩分が残ってしまいます。つまり、脱塩の問題があります。今、冷凍施設に預かっていただいている海水を吸った古い教科書、学校関係資料、マンガ資料などは今後、現地で脱塩作業を行う必要があり、現在その処理を行うための大型の超音波洗浄器や資材等、技術者の派遣指導等を救援委員会にお願いし、体制作りを行っています。おそらく今年度内は文化財レスキュー事業としていろいろ手を差し伸べていただいていますが、来年度になってこの文化財レスキュー事業がなくなった場合にどうしようかという状況にもなりかねません。ですから、今のうちに来年度以降の作業状況を考えて、おそらくこれは五年、一〇年、場合によっては二〇年というスパンでものを考えていかなければならないと思います。ですから、今のうちに、そういった現地で資料に応じたさまざま処理のできるような体制を作っておく必要があると考えております。

最後に一つ、今回のレスキューでいろいろと考えたことです。一部の報道で、多少誤認があるような部分があったので、そこの部分を説明しておかなければと思いました。それは、今回の文化財レスキューでは、いわゆる人文系の古文書、絵画や美術品、土器、考古資料などが対象でその中に自然史系の資料が明文化されていなくて、自然史系の資料がその文化財レスキューに組み入れられない。そのため、自然史系の資料の保存修復等はボランティアに頼らざるを得ないという一部報道がありましたが、それは大きな間違いです。先ほども赤沼先生からもご報告がありましたように、自然史系の資料もきちんと救っていただいております。ただそういった報道がなされることの背景には、自然史資料がその対象として明文化されていないことに原因があると思います。どうしても文化財というと人がかかわったもの、文化、人がつくったものという考えがあ

図 57　市町村教委による埋文整理室回収作業（5／24）

るので、そういった捉え方をされるのだと思います。

我々が今、作業を進めていて非常に感じることは、例えば民俗資料に国の登録有形民俗文化財になっている「陸前高田の漁撈用具」が二〇四五点ありますし、「水産日本のルーツ」と称される縄文時代の貝塚から出土した骨角製漁撈具などがありますが、そういったものはいわゆる文化財なのですが、それがつくられる背景には、「三陸の海」というものがあります。三陸の海が育んできた文化だと我々は考えています。ですから、自然の背景の重要性も含めて文化財を位置づけていく必要があるのではないかと、まったく勝手な思いなのですがそのように考えております。ですから、お願いなのですが、文化財レスキューの今後の対象の部分に自然史系の資料を入れていただいたりするとありがたいですし、間違った報道にもつながらないのではないかと考えます。

私の報告は以上です。では砂田と交替したいと思います。（以上、熊谷）

陸前高田市立博物館の砂田です。私自身は主に昆虫等の自然関係を扱っております。よろしくお願いいたします。

先ほど熊谷の方からもありましたが、陸前高田市立博物館は、東北第一号の登録博物館です。歴史はありますが地方の小さな博物館です。そういう小さな博物館が、なにか特色を持ってやろうと考えると地域密着ということがどうしても必要になってきます。それは陸前高田市の風土に寄り添うことでもあると思います。一例として、陸前高田市立博物館には、登録有形民俗文化財の陸前高田の漁撈用具のコレクションがあります。三陸沿岸で漁業が発達したことにはさまざまな要因がありますが、海と山が近いことも大きな要因と思われます。当時のことであれば漁業の資材はどこから持ってくるのかと考えると当然山です。資材の調達も容易だったのではないでしょうか。そう考えていきますと、地形や気候など自然の要素が発達させたといえるのではないでしょうか。自然と人の生業も風土から切り離せない、風土から出た枝葉のそれぞれの一本の枝といえると思います。そのようなわけで私たちは、一頭の昆虫も一つの民具もそれぞれ等価と考え活動しておりました。この点をご理解いただきたいと思います。

昆虫の状況ですが、さきほども赤沼先生や熊谷の説明がありましたが、出された写真の標本は保存状態、状況の良い標本でして、基本的にコレクションとして考えた場合はほぼ全滅の状況でした。収蔵庫の扉は外開きでしたので、浸水はしていても外からの力にはある程度耐えられたのではと多少の期待がありましたが写真の通りで扉自体がなくなっておりました。自然史系の標本は一階の収蔵庫に入っていましたので全ての標本箱が水に浸かり、棚自体が奥のほうへ押し付けられた状態で、流失したものは意外と少なかったものの、破損した標本箱も多い状態でした。その中でも比較的状態の良いものは棚の上段においてあったもので、下段のものは水に浸かっただけでなく泥にも埋もれた状態でした。程度問題ですがいくらかでも水に浸かっている時間が短いことが良かったようです。そのほかに普通は保存するためには密閉性の高い容器を使うわけですが、今回の被災では熊谷も言及しておりましたが、浸かった水が抜けないで悪さをしている想定外の状況でした。その点植物標本は段ボールのケースに入っていたので水抜けが良く、思ったより状態の良い標本が残ったようです。水に浸かること自体想定外なわけですが今後の保存方法等一考させられる状態でした。

自然史系の人にありがちのことですが、同じ種類であればまた採れるから現物は残さなくてもいいよ、データだけ拾ってくれればという考えも当初はありました。データだけ拾うのであれば私達だけでもやれるのかなと考えていましたが、先ほど熊谷がご説明した通りの状況であり、現実やってみますと、集められた人数では回収作業で手一杯であり、とてもそんなところまでは手が回らない、保管場所、作業場所もない状況でした。そこへ来て岩手県立博物館等からのレスキューがあり、それに甘えた次第です。そのおかげもありまして岩手県立博物館をはじめ全国の博物館で修復作業をしていただいております。個人的には自分の集めた標本を自分で修復できないのは残念ではありますが、陸前高田の現状ではそのような作業を行う環境になく、全国へ二次災害を広げたのではないかと申し訳なさを感じております。

昆虫のようなまた採れるものをなぜ残す必要があるかということですが、ある種がその時その場所にいた確かな記録です。一頭一頭を取り出せば大した意味もないかもしれませんが、全体では当時の環境を知るものとなります。そのようなわけで毎年毎年のデータの積み重ねが大事になります。陸前高田市立博物館にはここ三〇年ほどの地域の標本が集められており、当時の状況を追いかけることが可能な状態でした。被災により特に海岸の環境が変化消失したこともあり、重要性はより増したものと考えられます。植物にいたっては明治の頃からの標本もあり貴重なものでした。

また標本自体が残ればなお良いのですが、さらに標本よりもより大切なのがデータです。困ったことに今回の被災ではパソコンも水没し、全て回収はできましたが、ハードディスクも読めない、紙の台帳は流失したらしく見つからない状態で、今後の作業を考えると大変困った状態です。バックアップをとっておく重要性を痛感しております。私個人のことではありますが、博物館の約三万点の昆虫標本のほかに、主にチョウなどの鱗翅目を中心とした私個人の約三〇〇〇点の標本も保管してあり、やはり全て被災したのですが、幸いなことに震災の直前の三月七日に岩手県立博物館の方へデータだけは送ってあり、残すことができたのは不幸中の幸いでした。

各分類群ごとの被災状況ですが、資料の回収開始自体が被災後約一ヵ月後からであり、劣化が進んでいると予想しておりました。回収作業を始めてみますと、ガレキが多くなかなか進まなかったのですが、岩手県立博物館をはじめとした岩手県内の博物館の皆様や自衛隊の方々の応援により回収作業を終わらせることができました。昆虫の標本は思ったより状態の良いものもあり喜んだり、やはり駄目だったと落胆したりの繰り返しでしたが、全体ではやはり想像よりもさらに悪い状態でした。チョウやガの鱗翅目の仲間は翅が薄くもともともろい虫体ですので状態は大変悪いものでした。いま出ている写真（図38）の標本はその中でもまだ良い方で、翅もラベルも残っています。棚の中段にあったものですが、さらに下段のものは、標本箱自体が破損し中は泥に埋まり、虫体はおろかラベルすら判別できない状態でした。上段にあったものでもケースに入っていたものは、水が抜けずすでに腐敗が始まっておりました。またラベルは残ったものの針だけしか残らないものも多く、この時点で後の作業を考えるとかなりの困難が待っていることが見て取れました。カブトムシなどの甲虫類は、比較的虫体が丈夫ですので、触角や脚などのパーツは破損していても虫体自体は残っているものが多く、程度問題ですが鱗翅目よりはやや良い状態でした。とはいえ全体ではやはり鱗翅目の被災状況に大差はない状態でした。物理的、生物的、化学的なダメージにより一言でいえば昆虫標本は全滅といえるでしょう。

しかしながら、現在そのようなひどい状態の昆虫標本を岩手県立博物館をはじめ全国の博物館の皆様が修復作業を進められており、回収当時の状況からは想像できないほどきれいになっているようです（図54）。大変ありがたく思っております。

私たちが特に力を入れて収集し、大事にしてきた地元の昆虫標本が修復され、いずれは陸前高田に戻ってくると思います。私が現役の間は無理かもしれませんが、修復された標本が新しい陸前高田市立博物館に並ぶことが応援していただいた皆様への恩返しと思っております。
以上で簡単ですが終わらせていただきます。ありがとうございました。（以上、砂田）

報告3

東日本大震災による文化財被害と救援活動

高倉敏明

多賀城《たがじょう》市の高倉と申します。この前に報告された陸前高田市の方々は自分のところの施設がほとんど決壊をしてしまって土器とともに全部流されてしまったということですが、私からは市内にある歴史資料のレスキュー活動についてお話をしたいと思います。

この映像（写真1〜3）は市民が撮った映像で、津波の発生直後の市内の様子です。当日はこのように雪が降ってきて天候が非常に寒い状況でした。これは次の日の朝の状況です（写真4〜7）。次の日もやはり、多賀城市内の海側に近い地域についてはまだ水が引かない、あるいはこのように水が引いた状況を見ると、多賀城は仙台のすぐ近傍でございますので、国道四五号線などはこのように当時、通っていた自動車が津波で運ばれ山のように積み上げられている状況を目にしました（写真8）。この復旧に相当時間を費やしたわけです。

被災の当日から三月いっぱいは文化財課の職員も含めて市の行政職員はほとんど全員で市民の命の安全を確保するということで、そちらの人命救助、あるいは避難所の運営等に当たりました。ですから、実際に文化財のレスキューの仕事を行うことになったのは四月に入ってからという状況は、岩手県のご報告いただいた方々とほぼ時期的に一致すると思っています。

災害の記録です。マグニチュード九・〇という今まで経験したことのない強さで、多賀城市内の震度は五強。もっとも災害を強くしたのは四月七日にも五強の地震があって、これによってさらに被害が広がったという状況が、市内各所で見て取れました。津波の高さは仙台港で七《メートル》、市内では二《メートル》から四《メートル》と報告されています。浸水面積は六六二《ヘクタール》、被災の世帯数が六五〇〇世帯、避難者数が人口六万三〇〇〇人のうち一万二七四人です。死者数は一八七名で、まだ三人の方が行方不明の状況です。

これが（図1）多賀城市の市域の中で市内の約三分の一が浸水を受けた、その区域です。仙台港に面しているといっても多賀城市はほとんど海とは接していませんが、仙台市あるいは七ヶ浜町が海に面している地域として、日常生活では海とのかかわりがあったのですが、今回の津波を受けて、多賀城市はこんなに海に近いのかということを市民みんなが認識したと感じております。

砂押《すなおし》川が多賀城市を二分するようなかたちで北から南に流れております。その砂押川に津波が遡上しました。これがその映像ですが（写真9）、砂押川の堤防に枯れ草があります。あの枯れ草のところまで海水が遡上し、あと一《メートル》ぐらい高くなればもう両側の堤防を越えて相当これ以上に被害が広がったと思われます。

砂押川の状況です。これはちょうど多賀城の西門の近くまで津波が浸水した状況です（写真9の中）。海岸にあった船が、約五《キロ》ぐらいのところまで運ばれてきた様子です（写真9の下）。多賀城堰《せき》がありますが、約三《メートル》ぐらいの堰の高さがあるのですが、それをはるかに超えてボートが運ばれてきた様子です。タンクローリーが川の中に運ばれた状況です（写真10）。

これは（図2）実は今回の津波被害は貞観《じょうがん》十一年（八六九）に起きた貞観の津波とよく対比されますが、『日本三代実録』に書かれているこの記事の内容が、今回の災害とよく似ています。

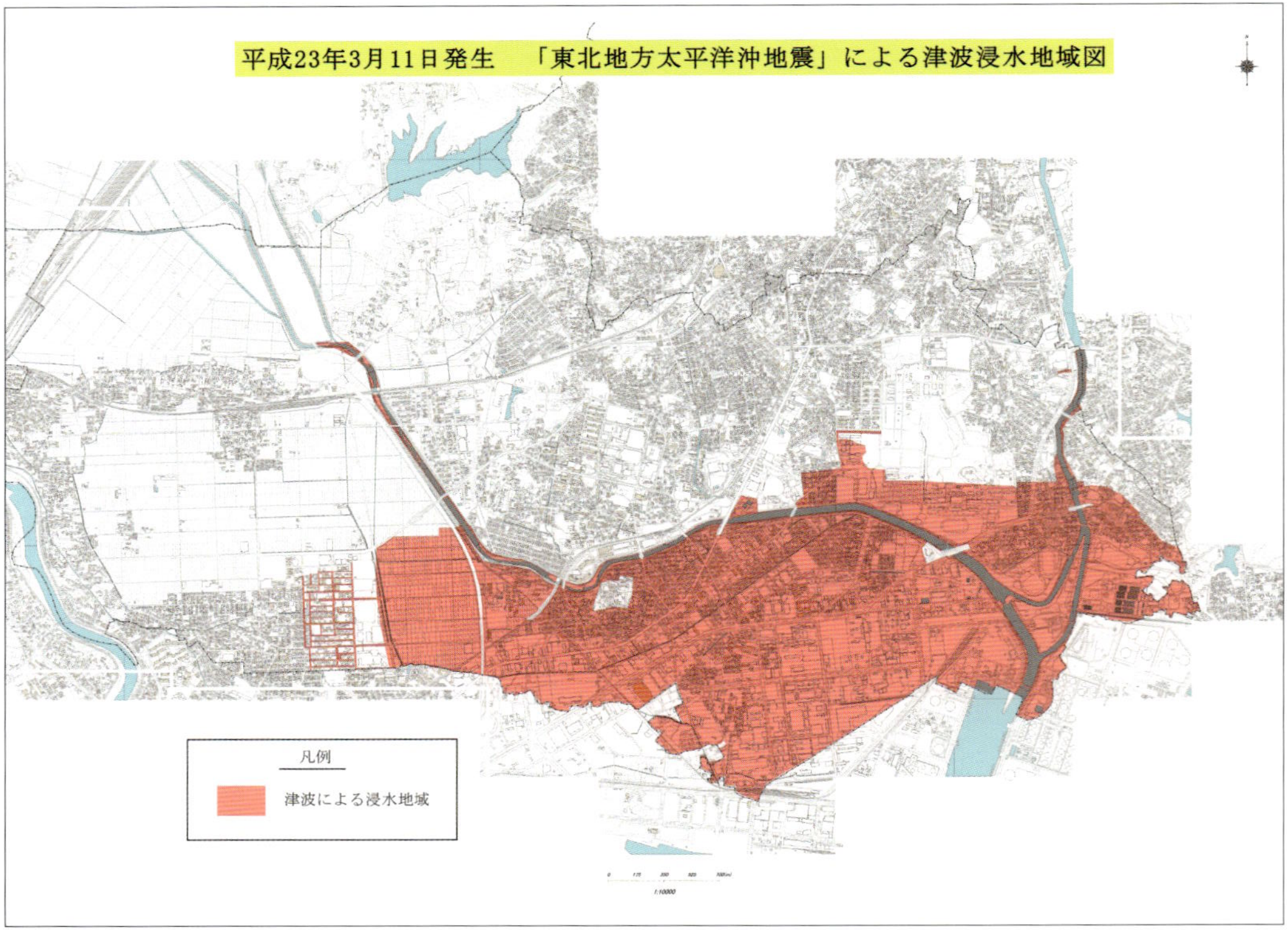

図 1　津波浸水区域図

写真 2　津波襲来

写真 1　津波襲来時

写真 3　津波襲来

写真 4　津波襲来翌日早朝（市内八幡地区）

写真 5　津波襲来翌日早朝（名勝地沖の井）

写真 6　津波襲来翌日早朝（市内八幡地区）

写真 7　津波襲来翌日早朝（仙石線）

写真 8　被災状況写真（国道 45 線）

写真9　砂押川津波被害状況

四行目の上のほうに、「忽《たちま》ち城下に至る」という記事がありますが、これは津波が城下に至ったということでして、溺死者が約一〇〇〇人ばかりという状況が報告されています。この城下というのは古代の多賀城の南に発見されている古代都市と私達は呼んでいる、一二〇〇年前の街並みが展開するわけですが、この都市のところまで津波が来てここ全体が海と化したという状況がこの記事にあります。その状況が今回の津波とよく似ていると言われています。

最初に文化財関係の被害の様子です。多賀城本体についてはほとんど影響はありませんでした。高台にあったこともあり、多賀城の史跡はあまり大きな被害はありませんでした。これは館前《たてまえ》遺跡という遺跡なのですが（写真11）、一部地割れが見つかった状況です。次に七ヶ

写真 10　砂押川
（津波で運ばれてきたタンクローリー）

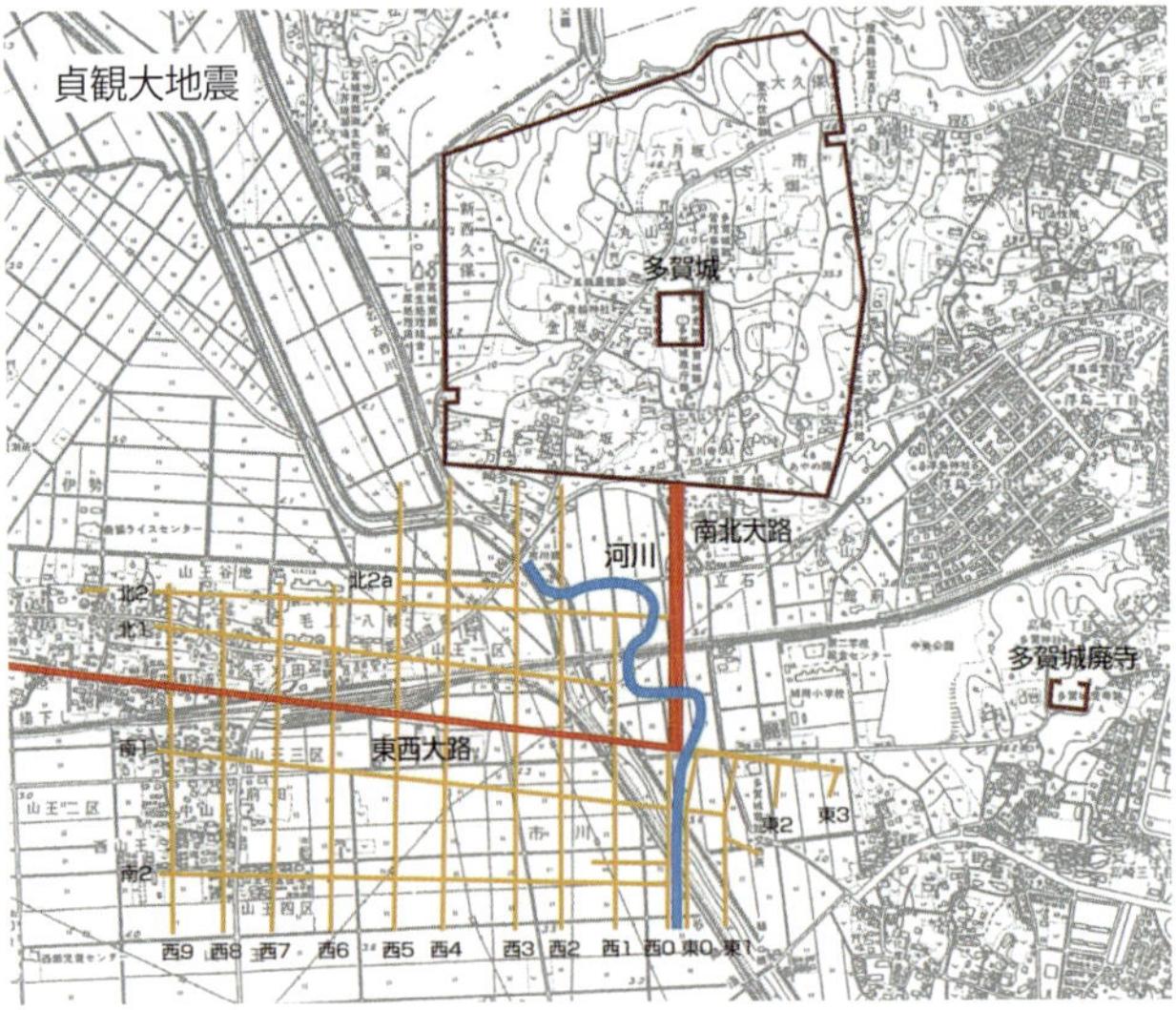

図 2　多賀城と城下の街並み

84　貞観十一（八六九）・五・廿六

陸奥國地大震動。流光如レ晝隠映。頃之。人民叫呼。伏不レ能レ起。或屋仆壓死。或地裂埋殪。馬牛駭奔。或相昇踏。城墎倉庫。門櫓墻壁。頽落顛覆。不レ知二其數一。海口哮吼。聲似二雷霆一。驚濤涌潮。泝洄漲長。忽至二城下一。去レ海數十百里。浩々不レ弁二其涯涘一。原野道路。惣爲二滄溟一。乘レ船不レ遑。登レ山難レ及。溺死者千許。資産苗稼。殆無二孑遺一焉。〔三代実録〕

写真 11　被害を受けた文化財（特別遺跡）館前遺跡

写真 12　被害を受けた文化財　貞山運河

写真 13　被害を受けた文化財　八幡神社

写真 14　石碑（八幡神社境内）

写真 15　萩原神社社殿（八幡神社境内）

浜町との境に伊達政宗がつくりました貞山運河《ていざん》があるのですが、この貞山運河も相当被害を受けました（写真12）。両側の護岸に亀裂ができた。それからレジャーボートが当時たくさん両側に繋留してあったのですが、それが軒並み全部両岸に打ち上げられている様子です。

市内の八幡神社（写真13）も、仙台港から約一キロぐらいのところにある神社なのですが、この神社に津波が押し寄せて、ここにあった石仏なども被害を相当受けているという状況です（写真14）。また、八幡神社の境内にある萩原神社の社殿がひっくり返っている状況です（写真15）。

きょうの報告の本題にこれから入りますが、多賀城市内にたくさん倉がございます。それらの倉の被害状況の調査をし、その倉にこれまで残っていた文書をはじめとする歴史資料が相当津波の被害、地震の被害を受けて軒並み外に吐き出されているという状況が見て取れましたので、これまでせっかく残ってきた資料をなんとか我々の手でレスキューしようというのが今回の報告の主題でございます。

これは市内にあります石倉の様子です（写真16）。今回の地震によってこのような石蔵がほとんど壊滅状態となりました。それから、八幡地区にあります土蔵ですが（写真17）、これは山形県の天童から伊達政宗を頼って庇護を受け多賀城の八幡に殿様をはじめとする家臣団が町をつくっているのですが、その中にもたくさんの土蔵、石倉、あるいは板倉などもございまして、このような土蔵が津波の被害で壁が落ちている状況です。

津波被害を受けた倉の現況調査および文書等の資料の調査を行いました。調査期間は四月一日から四月いっぱいです。文化財課の職員一名ないし二名が対応しました。仕事の合間を縫って調査に出かけていって、当初対象地区は八幡地区、あるいは西部地区の限られた地域を対象にしようと行ったわけです。市内文化財の被害調査の確認も併せて行いました。

被害を受けた倉

写真 16
石倉
（南宮地区）

写真 17
土蔵
（八幡地区）

そのあと、このような被災文化財のレスキュー活動を具体的に行うわけですが、その前提条件についてまとめてみました。一つは、倉の解体について数件の相談があった。もう倉を解体したいという話が飛び込んできました。自宅及び倉の整理中に太刀、槍《やり》などの刀剣類が発見されたという情報も舞い込んできました。解体する倉から資料の搬出が始まっているということで、これは一刻の猶予もならないという状況です。水没した自宅の引き出しから文箱、文書が発見され、行ってみますとカビの発生が認められた。このことを史料保全ネットワークに連絡をいたしました。

ところが水損史料の凍結乾燥等の緊急対応についてご相談いたしましたが、まだその時期や対応方法などは未定であるというご返事をいただきまして、これは一刻の猶予もならないという状況をなんとかしなければならないと、私達だけでできるだけのことをやってみようと検討し、それから市内にあります、県立東北歴史博物館にご相談いたしまして連携した取り組みを行うことにいたしました。

レスキューの活動については、目的・調査期間は五月二十三日から六月十八日までの四週間といたしました。その体制ですが、先ほども言いましたように、市の文化財課の職員だけではとても手が回らないので、ほかの市町村の協力を要請し、三班から四班編成で調査活動を行うことにしました。派遣をしていただく職員の市町村については、太宰府市、三重県明和町、小田原市、国分寺市の文化財担当職員一名ないし二名ということでお願いして、体制を整えた次第でございます。

調査結果を先に申し上げますと、倉の調査予定は九一棟（板五九、石一九、土一三）を予定していましたが、最終的には一八九棟（板一三三、石三〇、土二六）を行いました。その中で倉の解体および解体予定のものは二〇棟に及ぶことが分かりました。被災した倉から救出した資料については数百点に及んでいます。その内、寄贈が一〇件、一時保管が二件、そのほかについては基本的に所有者が保管できるものは寄託を受けないで、大事な文化財は自宅で保管をしていただくかたちを取りました。

天童家文書の保全ができた。七〇件ほどございます。これは寛文年間の知行目録あるいは伊達氏治家記録、あるいは系図などについては、再処理が必要であると思っております。修復が必要なものは、東北芸術工科大学にもご相談し、芸工大の先生のご指導を受けて依頼を行っております。大村家文書の保全についても行いました。これは東北歴史博物館にお願いしまして、真空凍結乾燥法の処理を行っています。

倉の現況調査についてご報告申し上げます。まずこのような板倉が多賀城市内にはたくさんあることが今回の調査で改めて確認ができました。これは実は近現代の大変貴重な資料であることが分かりました。このように地震で屋根瓦や基礎がちょっとずれて倒壊寸前のものもあります（写真18）。

調査の風景です。写っているのは太宰府市の職員です。

倉の保全活動ですが、調査だけではなくて、倉の中にある資料の整理も行いながらやっております（写真19）。このように中を開けてみると、もうガチャガチャの状態になっていて、うちの人達ではとても片付けられないとのことで、この整理作業も一部行っております。

このように文書が見つかりましたと連絡を受けて行ってみたら、戸棚の中にあって、海水に浸かった状態で文書が見つかっております（写真19左下）。冊子もありました。

それから、あるお宅では屏風がありますとのことで行ってみましたら、立派な屏風だったのですがこのような下張りが見つかりました（写真20右上・中）。一部このようにめくれているところ

写真 18
地震で被害を受けた板倉

から屏風の下張りなどの様子も見て取れたということで、数点、搬出をしています。

また、倉の中にある貴重な資料の全点というわけにはいかないので代表的なものの寸法など、あるいはどの程度、保管されているのかというその数の調査も行っております（写真20左上）。

これも文書・冊子類の救出した箱でございます（写真20左中）。中にはこのような戦前、戦後に使った資料なども見つかっておりまして、大変今回の調査が文書だけの資料ではなくてやはり、近現代に及ぶような市民が保管してきた資料の確認なども併せて行うことができました。

このように文書、掛け軸なども見つかっています。文書についてはこのように文箱に入っていましたが（写真21左上）、すっかり水に浸かっている状況で、一つ一つていねいに広げられるものは広げてみました。文書の応急処理についてはこのように不織布にくるんで、バキュームシーラーで真空状態にして保管をするということで行っております（写真21左下）。

調査での石倉の様子ですが、このようにいくつかの

写真 19　倉の資料整理作業と発見された文書

写真 20　倉の資料調査作業のようす

タイプがあります（写真22上）。土蔵と板倉の二つ並んでいる様子（写真22下）。板倉が二つ並んでいる様子（写真23）、これもそうです。また土蔵が二つ並んでいる様子（写真24右上）。板倉にもいろいろなタイプがあることが今回の調査で分かりました（写真24）。

また、このような文化財レスキューについての取材がありました。これは太宰府市の職員が六週間にわたって応援に来てくれたのですが、福岡放送がそれを聞きつけて太宰府市の職員が多賀城で応援をやっているところを取材していただいたものです。こういう取材の効果は、市民や調査対象とする地域の人達に、こういう活動を今、市でやっているんだということを周知してもらうにはとてもいい方法だと思いました。行ってみると「新聞で見ましたよ」というお話をいただいて、非常に調査がしやすかった。

倉を開けて見るというのは、家人にとっては喜ばしいことではないのです。進んで見せるなどということはほとんどしません。倉はやはりその家の財産でございますから、倉を開けて見せることについては今回このような被災をしたことで、図々しく私達もうちの中に入っていって調査行為ができたと思っております。それだけこのような災害のもたらす影響は、そのような人達の気持ちも変えてしまうくらいのものすごいものなのだと、調査しながら感じた次第です。いくつかこういう板倉を多賀城の新たな歴史資料、文化財として今後、保存していこうという取り組みをこれからも進めていきたいと考えております。

一八九棟の倉を分布図に落としてみました（図3）。旧塩竈《しおがま》街道沿い、こちらの仙台の方向から塩竈に向かっていく旧街道です。この近世の旧街道沿いにこんなにたくさんの倉が残っています。それから先ほど言いました、今回津波の被害を受けた八幡地区の中にも天童家を中心とした人達の倉が存在していることが分かりました。

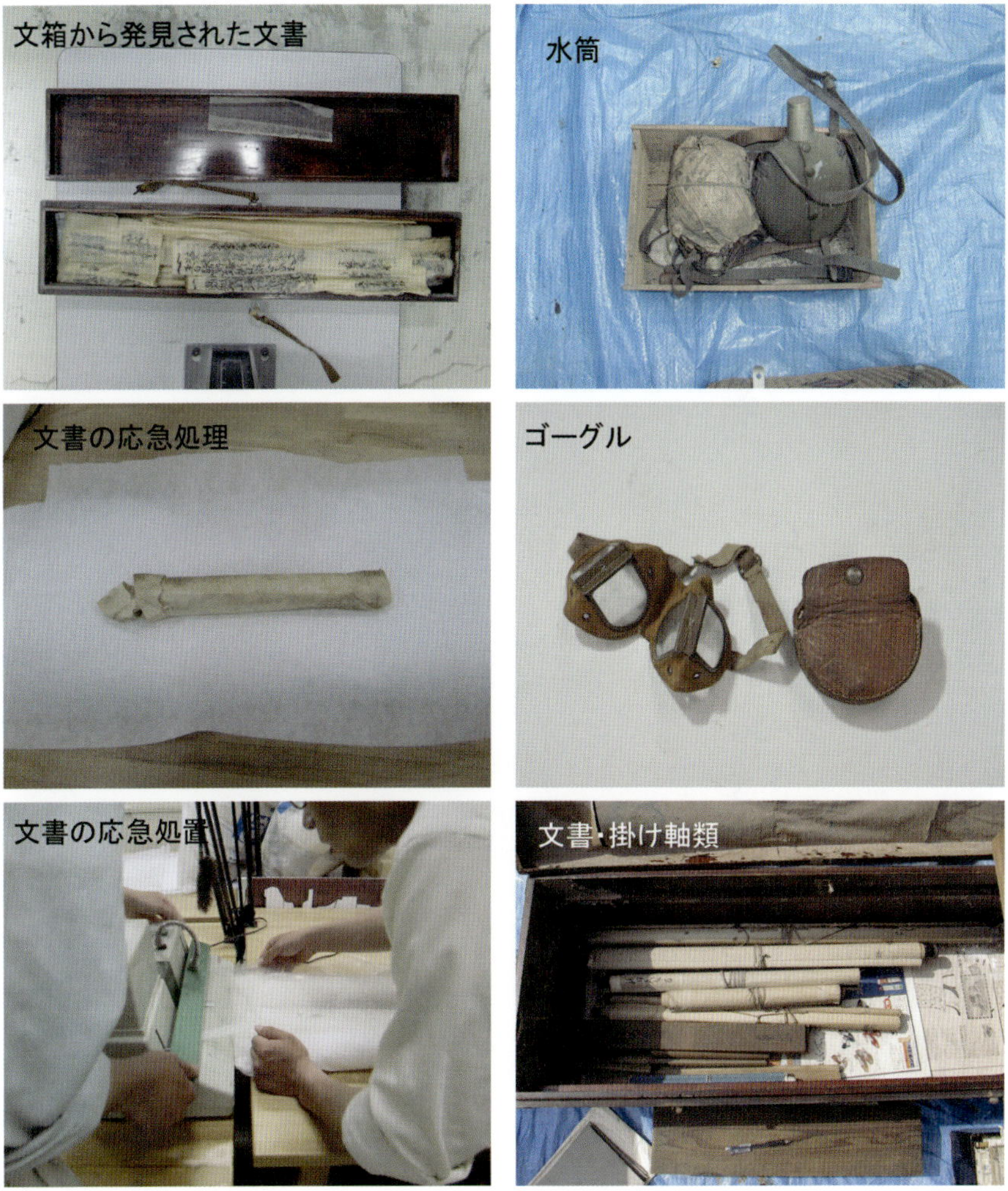

写真 21　レスキューされた資料と応急処置のようす

土蔵と板倉

写真 22　倉のようす

板倉と板倉

写真 23　倉のようす

写真 24　倉のようす

簡単にまとめてみます。今回の調査で私達は、地域に残る各種の文化財は、その土地の記録を示す大切な歴史資料であり、従って被災を受けた文化財の保全活動は大変重要な仕事であると言えると思います。地域の文化財は、地域が主体で守るべきであるとよく言われていますが、こういう大規模な災害では、市町村単独での活動は極めて困難だと思います。予想を遙かに超える災害では、地域を越えた地方の自治体等の応援が必要となるため、日頃から連携強化を図るつながりをもつことが大事であるということを、今回のレスキュー活動で感じております。

例えば友好都市や姉妹都市、あるいは○○サミットという名称でよく自治体で連携を取っていますが、このような連携が実は支援の対象として重要なポイントになるということは、多賀城市

文化財レスキュー活動の取材記事
同時に福岡放送局も取材・放映

友好都市福岡・太宰府市職員など参加

蔵に眠る史料救え 多賀城

江戸時代以降建築の91棟

応急処置し保存へ

津波被害に遭った土蔵を調査する職員＝24日午前、多賀城市八幡地区

東日本大震災で被災した多賀城市内で、江戸時代以降に建てられた民家の蔵（倉）の被害状況を調べるレスキュー活動が始まった。友好都市の福岡県太宰府市などの職員も参加して

蔵の内部に史料が保管されているかどうかについても調査する。必要に応じて史料に応急処置をして所有者に返還する考えだ。

レスキュー活動の対象は、津波被害に遭った八幡地区のほか、南宮、山王、市川の各地区にある板倉、石倉、土蔵の計91棟。いずれも江戸時代から昭和にかけての蔵が多く残る地域で、津波や地震で崩壊の恐れがある建物を重点的に調べている。

活動には多賀城、太宰府両市に加え、全国史跡整備市町村協議会に加盟する三重県明和町、神奈川県小田原市、東京都国分寺市の職員計15人が参加。6月中旬まで、蔵からの史料搬出や、史料に付着したカビの除去などに取り組む予定だ。

伊達家の家臣だった天童家が住んでいた八幡地区では昨年、天童家に残されていた伊達政宗の書状などの文書98点が市の文化財に指定された。祖先が天童家の家臣という八幡地区の土木建設業馬場強さん（62）は「うちの土蔵は津波と地震で壁が崩れたので、取り壊すつもりだった。何か歴史的価値のある物があれば市に寄贈したい」と話す。

多賀城市教委文化財課の文化財専門員高倉敏明さん（60）は「レスキュー活動は市内に眠る史料を保存、活用する上で重要な活動となる」と強調する。

レスキュー活動を伝える新聞記事

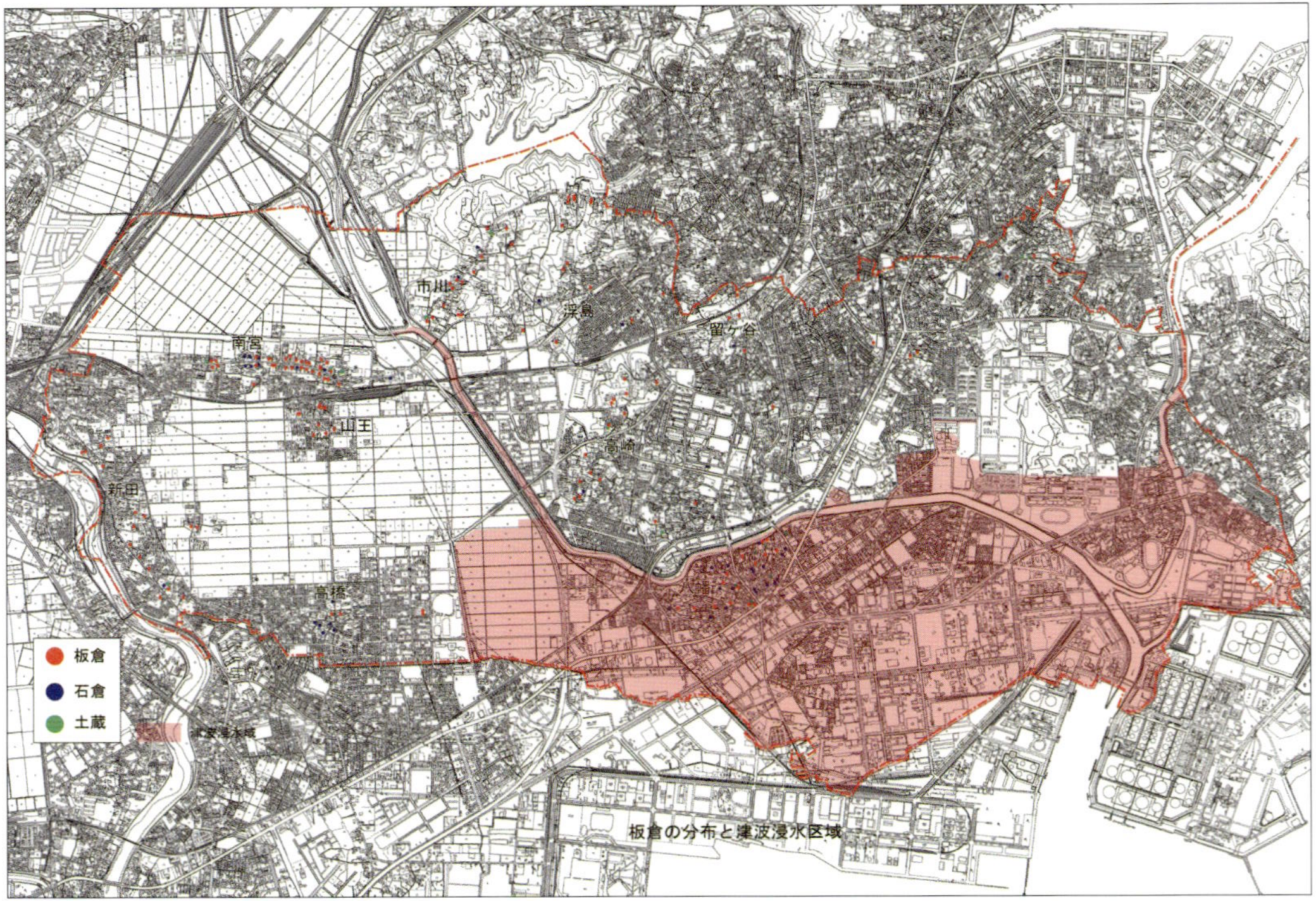

図 3　倉（蔵）の分布図

においでになった首長さん達が皆さんおっしゃることです。どこに支援しようかというときに、やはりこういうものが基準になると言っておりました。

今回の当市のレスキュー活動に対する協力依頼は、全国史跡整備市町村協議会（略称「全史協」）という団体、全国で五三〇ほどの自治体の首長で組織されているのですが、そのような全史協のつながりから実現できたと思っています。従って、その全史協の活動としてこれから、災害のときの取り組みについてこういう連携を図ろうという検討を進めてみたいと思っています。

また、自治体組織として市町村の文化財行政の課題が共有できるため、横断的連携が取りやすい。これは県と市の状態よりは市と市、市と町のつながりのほうが非常に迅速な行動が取れます。それは首長同士が判断できるということなので、首長同士の共通理解で迅速な行動が可能になるということです。

それから、行政組織の中の専門分野のことです。今回のレスキュー活動ですごく感じたのは、文書が見つかったときに現地で文書の内容が読めること、民俗資料などのレスキューや文書のレスキューしてきたものの保存処理という具体的な作業については、職員が即座に行動しないといけない。そういうことからすると、そういう分野の職員が必要だと思います。しかし、すべての市町村ですべての技術を持っている職員を等しく雇用することは技術的、財政的には無理でしょうから、そういう場合には災害時に広域の人的な支援体制を今後、考えなければいけない。これが今回のこの大災害を受けてレスキュー活動を行った私どもの率直な考えです。これで報告を終わります。

報告4

歴史資料の保全に向けて

菅野正道

ただいまご紹介いただきました仙台市博物館の菅野と申します。どうぞよろしくお願いいたします。今日このような報告の場を頂戴しまして、どういったことをお話ししたらいいのか、どういったことを紹介したらいいいか、いろいろと考えました。私自身もいろいろと現地に入って、文化財あるいは歴史資料の被災した状況も見ております。

ただ、あってほしくないですけれども、また日本のどこかでこういった大きな災害が起きたときに、われわれのような博物館施設に勤めている者がどういった対応をしたらよいのか。やはりそのときの何か一つの指針、あるいは反省になるようなものをご提示したほうがいいのかと思いまして、被災状況というよりは、その後の対応で私どもがどういったことをしたのかを中心にお話ししたいと思っております。

まず初めに、私が勤めております仙台市博物館の概要を簡単にご説明します。昭和三十六年に開館し、仙台藩主伊達家から資料の寄贈を受けまして、これを中心的な収蔵資料とする基本的には歴史・美術の人文系の博物館です。昭和六十一年に現在の新館が完成しまして、ちょうど昨年（平成二十二年）の春に常設展がリニューアルオープンしました。所蔵資料は実物資料で九万点強、さらにこの後ご説明しますが、私が携わっております市史編さん事業がらみで、おそらく二～三万点の古文書資料を借用等々で博物館の中に保管しています。延べ床面積は一万八〇〇〇平方メートルで、展示が約三一〇〇平方《メートル》、収蔵庫が一九〇〇平方《メートル》という状況です。

職員は館長、副館長の下に学芸室がありまして、正職員七名、教員三名、嘱託二名、また市史編さん室が平成三年度から設けられまして市史編さん事業を行っております。私を含めて正職員が二名、教員一名、嘱託八名がおり、これに庶務係六名という組織構成になっております。市史編さん事業につきましては、全部で三二巻の市史を作るということで、当初は一年に二巻、現在では一年に一巻の刊行を行っております。予定では平成二十六年度まで刊行事業を行う予定になっております。

写真1 壁面にビス止めしてあった書架が倒壊した情報資料センター

写真2 展示室前の廊下の天井（基礎からはがれかけている）

写真 3　収蔵庫②
落下防止のネットを前面に張った棚

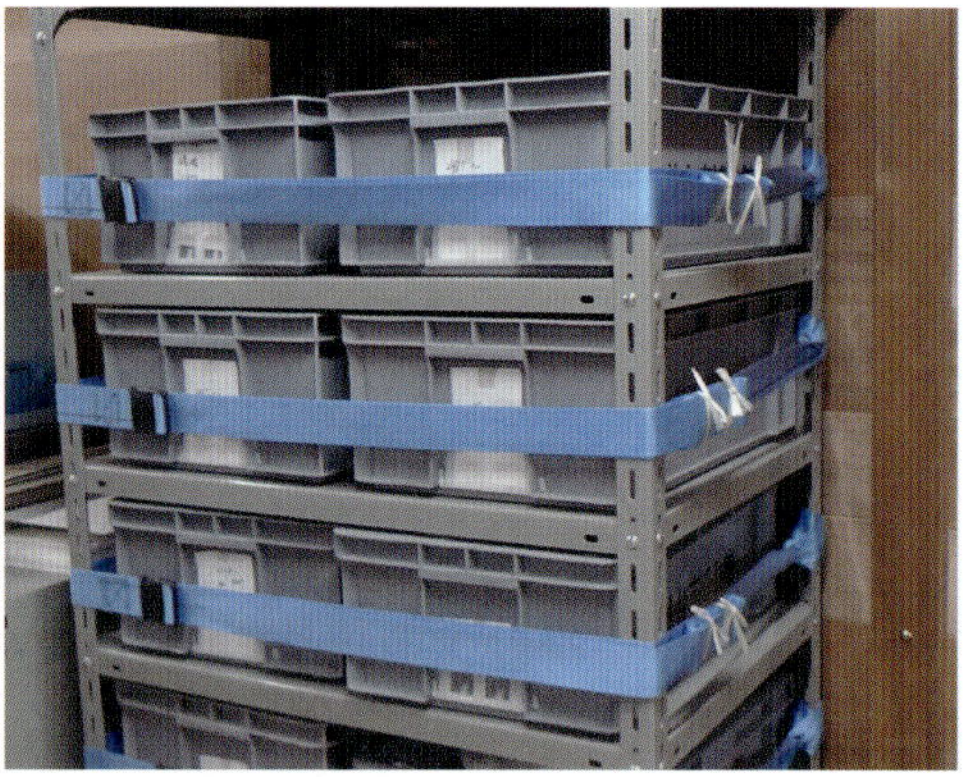
写真 4　収蔵庫①　落下防止の幅広のプラスチック製ロープを前面に張った棚

まず三月十一日の地震のとき、どうだったか。私自身は市の教育委員会の調査に同行して館外に出ていました。博物館に戻りましたのは、本震の後おおよそ四〇分ぐらいたってからでした。その間の博物館はどういった状況だったかと言いますと、展示室、来館者スペースで見ますと、当時博物館では、イタリアで火山の大きな被害を受けたポンペイの特別展を開催しておりました。博物館は、躯体そのものは非常に頑丈に作られた建物でしたが、やはり館内各所で天井とか壁、防煙垂壁等の破損が見られました。

展示資料についても一部がずれました。考古資料で倒れて破損したものも若干ありましたが、地震の規模からすると被害は驚くほど少なかったと言ってもいいかもしれません。一方で、市民からのレファレンスを受けたり、図書閲覧のためのスペースである情報資料センターでは、きちんと壁に固定していたにもかかわらず書架が倒壊してしまいました。ただ幸いなことに、当時一五〇人ほどの入館者がありましたが、負傷者は発生しませんでした。

一方、バックヤードのほうはどうだったかと言いますと、収蔵庫内につきましては棚からの資料の落下は若干ありましたが、破損は皆無と言ってもいい状況でした。数年前に収蔵庫の収蔵棚の前面に落下防止のための網とか、プラスチック製の幅の広いロープを張るような作業を行っていまして、こうした予防策でほぼ資料の落下を防げた状況です。

宮城県内ではちょうどここ五、六年の間、二、三年おきに震度五から六ぐらいの地震があり、さらにいわゆる「宮城県沖地震」が非常に高い確度で発生すると盛んに言われておりましたので、当博物館では緊急に予算を組んでこういった処置をとっていました。それが効果を発揮したと言うことができると思います。

その他、書架からの図書の落下、作業机からの書類の落下等はたくさんあり、バックヤードは非常にひどい状況になっておりました。ただ、幸いなことにパソコン関係については破損等がなく、データの損傷等はありませんでした。

また人的な面では、博物館内には関連業者も多く入っており、アルバイトも当日何名か来ておりましたが、職員も含めて負傷者は発生しませんでした。

当日の対応として、入館者および職員につきましては、本震が収まった後に館外に速やかに避難誘導を行いました。地震当日は金曜日でしたので博物館は半数勤務体制となっておりました。非番であった主要職員につきましては、かなり交通事情が悪かったにもかかわらず、地震発生後おおよそ一時間前後のうちには博物館に出てきた状況です。

その日は余震の状況を見ながら来館者、アルバイト、あるいは非常勤職員などを順次帰宅させております。当然、急いで館外に出ましたので館内に必要な手荷物等がありました。それについては一人ではなく必ず複数人、できれば職員が付くような形で館内に入って、危険のない範囲で、しかも緊急のものを中心に取り出して、付近の交通事情などを見ながら順次来館者、アルバイト、非常勤職員を帰宅させる対応をとりました。

職員につきましてはおおよそ本震から二時間弱ぐらいでしょうか。館内に戻り、急いで被害状況の点検を行いました。これも基本的には二名以上で行動することを原則とし、手書きメモ、デジタルカメラによって被害状況の確認・記録を行いました。その点検状況を集約した後に職員は順次帰宅させ、係長職以上の者についてはおおよそ一九時ころまで残り、最後の職員が博物館を退館したのは二〇時過ぎぐらいでした。

翌日は土曜日でしたが、正職員は全員、そして非常勤職員のうちの展示・資料担当者については原則出勤ということで前の日に指示を出しておりました。朝、職員が出勤したところで館内の被災状況を確認しまして、一部簡単に進められるところは復旧作業を開始しました。先ほども申し上げました特別展ポンペイについては、これをどのように処置したらいいのか、非常に大きな問題でしたので、さっそく展覧会実行委員会と連絡を取り、イタリア側との協議を開始しております。

一方で大震災当日から、仙台市内各所に避難所がたくさん設けられました。比較的順調に運営されているところと、全くスタッフの数が足りなくて非常に困難な状況にあるところ、さまざまでした。そうした状況を受けて、博物館からも十三日の夜から夜勤を含めて約二週間、昼夜二交替で常時二、三名の職員を避難所応援に派遣しました。私自身も三月十三日の初日から避難所に応援に行っております。避難所への応援勤務が始まりましたので、十三日の日中まで正職員は原則として全員出勤としていましたが、その後は交替勤務にし、非常勤職員については業務内容等に応じて自宅待機、あるいは出勤と、状況を見ながらの対応にしました。

それ以降につきましては、館内の被害箇所の精査を継続して行いました。やはりぱっと見ではあまり被害はなかったかに見えても、よくよく見ると小さなクラックが入っているとか、倒れていたものをどけると、そこがいろいろと壊れているという状況がありました。常設展示室についてはそれほど大きな被害がありませんでしたので、一ヵ月かかるか、あるいは二～三ヵ月かかるか分かりませんでしたが、ある程度近い将来に展示を再開できるのではないかという見込みもありました。そのこともあり、あれだけの本震にもかかわらず、一部の考古資料を除いては転倒もしなかったということで、展示資料の再セッティングをしました。ただ、危ないものについては一時的な安定措置、例えばとりあえず横に寝かせて置く、あるいはテグス等で固定する。そういった作業を順次進め、常設展の再開を視野に入れた作業を行いました。

特別展ポンペイにつきましては、やはり貴重なものを展示しているということもあり、展覧会実行委員会の判断から展示資料の大部分を一時的に撤去することにし、展示を再開するかどうかについては、イタリア側の意向を確認しつつ、実行委員会といろいろな議論を重ねました。

そうした中で三月下旬、大震災の前に新年度予算は確定しておりましたが、四月以降の新年度において震災復興関係でかなりの費用が必要になってくるだろうということで、予算の見直しが全庁的に行われました。博物館についても一億七〇〇〇万円程度であった新年度事業費から六〇〇〇万円ほどが削減されました。大きなものとしては特別展経費が一つ全額カットされ、市史編さんにつきましても市史一巻分の印刷経費がカットされました。その他、各種印刷物やイベント、調査などに関する経費が大きく削減されました。

こういった状況でだんだん余震も収まってきて、四月初めからは応急的な復旧工事の手配も少しずつつき、それが開始された矢先の四月七日に非常に大きな余震がありました。地震の規模そのものは本震に比べれば小さいものでしたが、地震の揺れの質がかなり異なっており、市内でも本震では大丈夫だったのに余震で大きな被害を受けたというところがたくさん出ております。

夜一一時過ぎの地震でしたけれども、主要職員の多くが緊急出勤をして館内の状況調査をしました。やはり展示資料で再セッティングしたものがずれました。常設展示室においてはガラスが大きく割れてしまいました。本震で一部に小さなひびが入っていたところが、この余震で大きく割れてしまったということでした。

このガラスは特注品で、通常のときでも発注から完成までに一ヵ月から二ヵ月くらいはかかるという状況でしたので、これはもう近々の常設展の再開はあり得ないだろうということで、翌日以降に展示資料を順次撤去し、収蔵庫へ移動する作業を行いました。

一方、ポンペイ展につきましては、余震の前の段階では再開を少し楽観視する向きもあったのですが、この大きな余震を受けて、館内被害状況をもう一度精査しながら、展示の再開の是非を館内、実行委員会で論議しました。これについては、私は基本的には展示に携わっておりませんので、詳しくは申し上げませんが、館内、実行委員会ともに展示を延期して再開すべきだという意見と、今後また大きな余震が来る可能性がある中で貴重な資料を破損させるリスクは避けるべきだという意見、この両方がかなり厳しくぶつかり、何度も議論を重ねました。最終的には市長の判断がありまして、ポンペイ展のみをゴールデンウィークに合わせて四月二十九日に再開し、会期を六月五日まで延長して開催することになりました。

ポンペイ展の再開後、五月のゴールデンウィークはそれほどたくさんの来館者はありませんでしたが、仙台市内のライフラインが少しずつ復旧し、生活も日常にだんだんと近づいていく中で、五月中旬以降尻上がりに来館者が増え、最終的には六月五日までの段階で二万九〇〇〇人、最終日前後になりますとだいたい一日平均で二〇〇〇〜三〇〇〇人が入りました。私どもの博物館では一日に一五〇〇〜二〇〇〇人が入るとかなり混み合っていると感じますが、その意味では満員状態だったと言えると思います。

ポンペイ展が終わった後は展示室を全部閉鎖し、修理工事に入りました。その間、体験学習コーナーを二階から一階に下ろしてきて、同時にパネル展示を行いました。パネル展示は後でまたご説明しますが、仙台平野の歴史地震と津波というテーマのもの、博物館周辺の四季の風景、そしてちょうど当館で所蔵している国宝の慶長遣欧使節関係資料が五月にユネスコの世界記憶遺産に推薦されるということがありましたので、その紹介も兼ねたパネル展を開催しました。これはいずれも無料でご覧いただいております。

そして七月二十三日には展示室の全面オープンということで常設展と企画展、ちょうど今年が私どもの博物館の開館五十周年ということがありまして、当初八月から名品展を行う予定でしたが、これを前倒しした企画展を開始しております。

ただ、業者の手配の関係などで、どうしてもこの期間に修繕がきかなかったところがあり、それは年が明けて一月、二月に休館をした上で修理を行うことにしました。

次にこうした中で、私どもの博物館は資料を残すための取り組みとしてどういったことを行ってきたのか、ご説明したいと思います。

まず震災後まもない時期の行動としては、これまでの博物館の展覧会活動、市史編さん事業等で協力を頂戴した資料所蔵者のリストアップ作業を始めました。津波も含めて大きな被害があった岩手県、宮城県、福島県、茨城県の各県で六〇〇ヵ所以上を約一週間でリストアップし、ご当主の名前、住所、電話、どういった内容の資料をこれまでに見せていただいていたのかというリストを作りました。

同時に、一部の資料所蔵者あるいは協力者については電話で安否の確認を行い、資料を当館に寄託されている方々については、博物館は被害はあったけれども資料は無事であったこと、などを電話でお伝えしました。

宮城県では従来からNPO法人宮城歴史資料保全ネットワーク、通称「宮城資料ネット」と呼んでいますが、かなり活発に活動しておりました。私も会員として活動に参加していますが、仙台在住の研究者を中心に宮城県内の主に近世史の研究者、あるいは自治体の歴史資料や民俗資料に関わる学芸員などを主要な構成メンバーとするNPO法人です。この宮城資料ネットとは、協力してレスキュー活動を行うという合意をすぐに取りました。宮城資料ネットは東北大学に事務局を置いていましたが、その事務局で使っていたスペースが建物に被害があって使えなくなったということで、一時的にインターネット環境や作業スペースの提供も行っています。

それから学芸員、編さん室職員の若干名が、自転車等で市内の文化財の被災状況調査を順次開始しました。ただ、館での勤務や避難所応援がありますので、そういった合間を縫って各自の判断で行っています。私も、夜勤明けは休んでいいと言われましたので、避難所に夜勤で応援に行って、次の日の昼前に勤務を終えた後に、その足で市内を見て回るというようなことを行ってきました。

三月中の状況をざっとまとめてみますと、実は具体的な資料レスキュー活動はほとんど行わなかったと言いますか、行えなかったというのが正直なところです。理由として、一つにはガソリン不足がありました。普通に待たずにガソリンが手に入るようになったのは四月五日、六日以降だったように記憶しています。それまでは一日がかりで並ばないと、公用車でもガソリンを入れられない、という状況で、公用車、自家用車ともに動かすことが非常に困難な状況でした。

もう一つは文化庁によるレスキュー事業が始まるということで、これは神戸の震災のことからある程度想定されましたので、同事業の具体的な内容を把握してからそれとの補完関係をとる、あるいは共同で動いていくことになるだろうという判断があり、様子を見ていたということがあります。

そのほか、博物館の復旧事業や避難所への応援勤務、そして四月七日の余震が来る前の段階では、がんばってできるところから日常的な状態に少しでも早く戻すことも大事なのではないのか、という考えから、館の通常業務への復旧を急いだということもありました。

例えば、私の本来業務である仙台市史の編さん作業は、震災後しばらくストップしていましたが、最終校正の段階に入っていたということもあって、ここまで作業が進んでいるものは、まずは一日も早く刊行しようと、地震後一〇日ほど経ってから少しずつ作業を再開しました。展示についても、常設展だけでもゴールデンウィークに合わせて開けられることを目標とすべきではないかということで、復旧作業を開始していました。その意味で、レスキュー活動に専念できる職員の確保が難しかったというところがあります。

そういった状況下で、まずは資料の所在情報の集約、あるいはインターネットにアップされている航空写真等による被災状況の確認という館内で行える作業は順次進めておりました。四月初めには文化庁の文化財レスキュー事業の概要が判明したことから、中旬以降はそちらに合わせて館としての取り組みを具体化しております。

この文化財レスキュー事業について概要をお知らせしますと、文化庁、国立文化財機構などを中心として東北地方太平洋沖地震文化財等救援委員会が設定され、原則県単位で被災地からの要請を受け、レスキュー活動を行うというものです。レスキュー対象は基本的には動産系の資料で、レスキュー活動の内容は現場からの避難と安全な場所への一時収容、保存のための応急措置が基本となっています。本部は東京文化財研究所内に置かれ、寄付金を募って事業資金とし、必要に応じて現地本部を県ごとに置くというものです。

宮城県については三月二十九日に県教育委員会の文化財保護課がレスキュー要請を行い、レスキューを要すると考えられる案件のリストを提出して、具体的に動き出しております。四月五日に文化庁、文化財研究所の担当者と、県・仙台市の文化財担当、東北歴史博物館、仙台市博物館、宮城県美術館等による最初の打ち合わせを開催し、四月十五日に最初の委員会が東京で開催され、十九日に当仙台市博物館内に現地本部が置かれるという状況でした。

当初、現地本部は、レクチャールームとして使っている館内の講習室に置き、途中から館内のギャラリーに移動しました。現地本部の機能は、レスキューに必要な資材の保管場所（写真7）と、事業の管理運営が大きな柱となっています。資材としては、段ボールが六〇〇〇箱も届き、ストックされました。その他、綿布団などの梱包資材、アルコールや乾燥剤など保存処置に必要な物資、ヘルメットや作業着といった装備類等々、かなりの分量になっています。

また、現地本部の事務スペースについてはこんな形です（写真5）。ここに現地本部詰めのスタッフと地元雇用のアルバイトが詰めて、こういったところで朝に打ち合わせをして出て行くという格好になっています。だいたい月曜日の夜と木曜日の夜、週二回定例のミーティングをして、その日までの活動の確認、総括や今後の予定の調整を行っていました。

文化財レスキュー事業につきましては、主に宮城県沿岸部の津波で大きな被害を受けたところを中心に行われ、七月下旬までに三〇件ほどのレスキュー活動が行われました。特に石巻文化センターが大きな被害を受け、レスキュー対象となる資料も歴史、考古、民俗、美術と多様で、さらにかなりの点数に及んだということで、長期にわたっております。

この宮城県における文化財レスキュー事業の中で大きな役割を果たしたのは、現場における作業のプロデューサーになった県文化財保護課の担当職員でした。現地を事前に視察して、どういったレスキュー作業を行うのかを確認し、さらに所蔵者や関係自治体との調整をした上でレスキュー事業の本部との調整を行う。このようなことを、ほぼ一人で切り盛りした上に、現場での

写真 5　現地本部の事務スペース

写真 6　現地本部で定期的に行われた打ち合わせ風景

作業にも参加していました。この事業の成果の多くは、この県の担当職員の大きな努力によるものだと言っても過言ではありません。

このようにして少しずつ具体化されるレスキュー事業には、文化庁、国立文化財研究所の職員、博物館の学芸員、大学等の研究者、地元機関の職員等が多数参加していただきました。毎日一〇人から二〇人ほど、連日仙台を拠点にだいたい朝八時、早いときは七時に集合して車に分乗し、レスキュー現場に行って作業を行うということを進めていました。

現地本部には、前に述べたようにいろいろな物資、梱包材料とか装備品、応急処置に必要なものなどが、大量に集積されています（写真7）。当初は張り付きのスタッフはいませんでしたが、五月の連休明け以降、東京文化財研究所の職員一名がロジスティック担当ということで常駐し、その後さらに一名が追加になり、東京と現地との連絡役、作業の進行管理と記録、物資の管理、マスコミ対応という業務をこなしていました。当初は二名いるのかな？　と思っていたのですが、やはりこれは二名いないと非常に困難だという状況が分かっています。

以上のような文化財レスキュー事業の中で、仙台市博物館は現地本部のスペースの提供、トラックやワンボックスカーが何台か入ってきますのでその駐車場所の確保、通信環境の提供、必要に応じた作業人員の派遣など、現地本部運営の後方支援を行っています。

このような文化財レスキュー事業と併行して、私どもの博物館も独自にレスキューを行おうと考えました。実は市史編さん事業では、恥ずかしながら市内を対象とした古文書の悉皆的な調査を行っていませんでした。

その理由の一つは、現仙台市域が城下町部分のほかに江戸時代には六八ヵ村と非常にたくさんの村がありまして、加えて宿駅も一二ヵ所あり、悉皆調査を行うとなると非常に膨大な時間と人員、費用を要することが予想された、ということがありました。さらに仙台市史の中では市域の歴史だけではなくて、仙台藩政全般についても調査、記述の対象にするという方針がありまして、その分野についての資料収集・調査分析も非常に膨大な作業量になることが予想されました。それで、市史の近世部会では早くから市域の近世史料を対象とした悉皆調査について今回の市史編さん事業では行わないことにしようということで断念していました。

もう一つの理由として、仙台の市街地は昭和二十年の仙台空襲やその後の再開発、また郊外については昭和五十三年の宮城県沖地震によってかなりの旧家が失われ、取り壊しのときなどに古文書も捨てられてしまったというような風聞があって、あまり仙台市内には古いものが残っていないのではないかという話がありました。それを裏付けるように、市史の中で中世の供養碑である板碑を悉皆調査した際に、付近の旧家などの聞き取り調査をある程度行ったのですが、やはり近世の古文書に関する所在情報はそれほど多くは確認できなかった、ということがありました。それでも数千件オーダーの新発見の資料群が一年に一件程度は出てくる。その処理だけでも結構大変だったという事情もありました。

一方で、宮城資料ネットの近年の活動実績から、従来は古文書がないと思われていたところでも新しく資料群が発見される可能性があることが分かってきました。それで悉皆的な所在調査ではありませんが、緊急的に市内の旧家の被災状況調査、被災資料のレスキューを目的とした市内巡回を行うことにしました。併せて、仙台市域外については、震災直後に作成したリストを元に、歴史資料の保全をお願いし、何かあればそれぞれ所在の教育委員会とか資料ネットワークに連絡をしてほしい、あるいは私どもの館に言っていただければ、そこから取り次ぐという文書を約四〇〇ヵ所に送付しております。

市内の巡回は、これまでの調査で蓄積されてきた情報や郷土史関係の出版物、学校や町内会の記念誌、あるいは市史関係の委員から旧家の情報を集積して地域ごとに整理し、やはり仙台市内も津波の被害を受けておりますので、海岸に近い平野部から調査を進めることにしました。古い門や大きな「イグネ」がある、仙台では屋敷林のことを「イグネ」と呼んでいますが、そういったかなり曖昧な情報も集約し、四月二十日から巡回を開始して、七月二十八日まで延べ三五日で二七〇件ほどの旧家や寺社を訪問しています。これは留守のために複数回訪問したお宅、あるいはレスキュー活動のために複数回お訪ねしたお宅は一件とカウントした数です。

調査方法は編さん室のスタッフを主体として博物館の学芸員、市史関係の委員の先生方、市の文化財課職員、あるいは宮城資料ネットの事務局員を加えた三名前後でグループを作っております。おおよそ市史編さん室のスタッフが主体となって、だいたいは市史編さん室の職員二名+他の人が一名、あるいは編さん室職員が三名というような組み合わせで巡回を行いました。役割分担としては、聞き取り役が一名、記録係が一名、写真係が一名という構成にしまして、グループ編成については、巡回地域に対する土地勘の有無、あるいは年齢構成、男女比などもある程度考えた上での割り振りをしています。

基本的に調査先のリストアップ、その後のケアということもありますので、だいたい週二日から三日程度、雨天の場合は訪問先の都合やスタッフの疲労なども考慮して原則としては中止をしております。事前に調査先のリスト、住所、名前、来歴とか資料の所蔵情報、あるいは関係の文献などを示したリストを作り、住宅地図で場所を確認してアポなしで訪問いたしました。

これについてはいろいろと内部でも議論がありまして、そんなことをしていいのか、地震の被害で大変なところにいきなり行って拒絶されないかという意見もありました。一方で、事前にアポを入れて断られた場合にその後にとりつく島がおそらくないだろう、また何を残してもらいたいのか、何をわれわれがやろうとしているのかが電話では伝わりづらいだろう、という意見もありました。

今回「文化財のレスキュー」という言葉が盛んに使われています。ただこの「文化財」という言葉は難しい問題を抱えています。これまでも調査で旧家を訪問しても「いや、うちには文化財なんかないよ」「博物館の人に来てもらっても、うちにはお宝なんかないよ」と言われることがしばしばありました。そういった経験から、私どもではなるべく「文化財」という言葉は使わないような調査をすることにしました。

現地での調査をどういう方法でやったかと言いますと、まず、近現代資料も含めた歴史資料の保存を要請するチラシを作って配布しました。これは表裏になっております。表面が「歴史資料保全についてのお願い」という内容で、古文書や古い本、あるいは書物、明治、大正、昭和に書かれた書類、写真やアルバム、そういったものはぜひ何らかの形で残していただきたいということで、連絡先として博物館と先ほどお話しした宮城資料ネットの両方を挙げております（写真８）。

先ほどの多賀城市の高倉さんの報告で新聞記事のお話がありましたが、私どもの活動も地元紙の夕刊に取り上げていただきました。この記事が出た後は記事を裏面にコピーして「こういったことでやっています」とお見せすると、かなり理解が早く進むというメリットがありました（写真９）。

聞き取り調査の内容としては、被災状況、歴史資料の有無やその家の来歴、古い建物がある場合は建築年代、屋号とか屋敷名、本家・分家関係、屋敷神の様子、付近の旧家といったもので、必要に応じてデジタルカメラによる撮影を行っております。

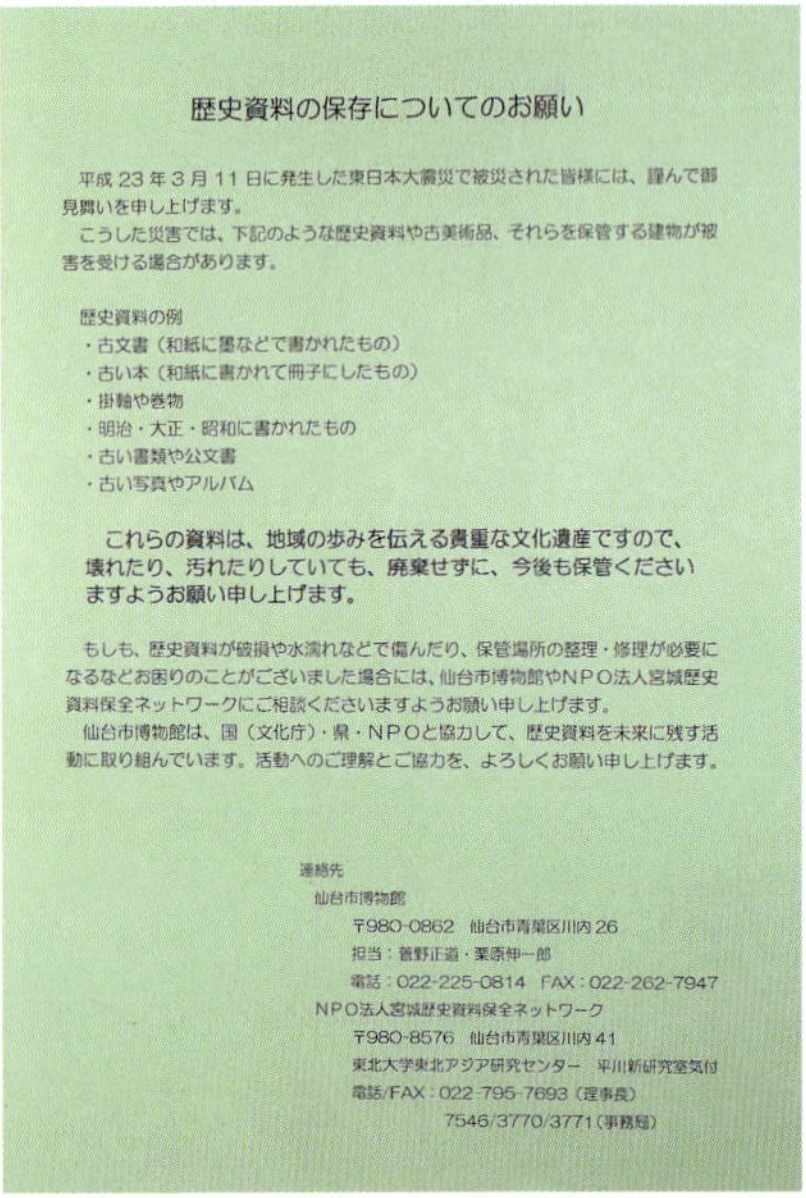

歴史資料の保存についてのお願い

平成 23 年 3 月 11 日に発生した東日本大震災で被災された皆様には、謹んで御見舞いを申し上げます。

こうした災害では、下記のような歴史資料や古美術品、それらを保管する建物が被害を受ける場合があります。

歴史資料の例

- ・古文書（和紙に墨などで書かれたもの）
- ・古い本（和紙に書かれて冊子にしたもの）
- ・掛軸や巻物
- ・明治・大正・昭和に書かれたもの
- ・古い書類や公文書
- ・古い写真やアルバム

これらの資料は、地域の歩みを伝える貴重な文化遺産ですので、壊れたり、汚れたりしていても、廃棄せずに、今後も保管くださいますようお願い申し上げます。

もしも、歴史資料が破損や水濡れなどで傷んだり、保管場所の整理・修理が必要になるなどお困りのことがございました場合には、仙台市博物館やＮＰＯ法人宮城歴史資料保全ネットワークにご相談くださいますようお願い申し上げます。

仙台市博物館は、国（文化庁）・県・ＮＰＯと協力して、歴史資料を未来に残す活動に取り組んでいます。活動へのご理解とご協力を、よろしくお願い申し上げます。

連絡先

仙台市博物館

〒980-0862　仙台市青葉区川内 26

担当：菅野正道・栗原伸一郎

電話：022-225-0814　FAX：022-262-7947

ＮＰＯ法人宮城歴史資料保全ネットワーク

〒980-8576　仙台市青葉区川内 41

東北大学東北アジア研究センター　平川新研究室気付

電話/FAX：022-795-7693（理事長）

7546/3770/3771（事務局）

写真 7　現地本部に集積されたレスキュー用の物資

写真 8
市内巡回の際に配布したチラシの表面

写真 9
配布チラシの裏面

夕刊編集部

記者ブログ

東日本大震災

「歴史」をつなぐ

「此処（ここ）より下に家を建てるな」・先人の知恵を刻んだ石碑や言い伝えのおかげで、津波被害を最小限に抑えられた地域の話が、何度か紙面に載りました。

古文書や道具類などを通しかつての暮らしを知ることは、現代を生きることにつながります。しかし、今回の地震と津波で、沿岸部を中心に旧家や神社仏閣も被災し、歴史資料の一部が失われてしまいました。

4月中旬から、仙台市博物館の職員やＮＰＯ「宮城歴史資料保存ネットワーク」のメンバーが市内の旧家などを訪ね、状況を確認する活動を行っています。

生活の立て直しがまず第一の時に「こんなことを聞いて回っていいのか」とスタッフは悩んだそうです。でも、行ってみると、ほとんどの方が協力的だったそうです。

「以前に調査させてもらったお宅では、大事に保管されていました。（地域を知る資料を）引き継いでもらっていてうれしかったですね」と、博物館の倉橋真紀さん(39)は感謝していました。

「実は仙台市には、戦前ごろの役場書類や会社の営業報告書など、当時を知る資料がほとんどないのです。震災でそれらも失われた可能性がある」と博物館の市史編さん室長菅野正道さん(46)。

「古い物は片付けのついでに投げてしまった」という家もあったそうで、菅野さんは「よく分からないけど古い文書類がある、という場合は捨てずに取っておいていただくとありがたいです」と話しています。

泥・海水に漬かった古文書でも、いまは復元する技術があるそうです。「もしやこれは？」と思ったら、仙台市博物館022（225）0814にご連絡を。

（安倍樹）

若林区三本塚の昌林寺を訪ねた仙台市博物館の職員ら（市博物館提供）

夕刊編集部ブログのアドレスはhttp://flat.kahoku.co.jp/u/yukan_kahoku/です。

平成23年5月19日 河北新報 夕刊

だいたい一グループで一日に回れるのが六～八軒くらいで、一五時過ぎには館に戻るようにしました。戻ってきてから聞き取りの総括をその日のうちに行うためです。要するに同じ話を複数で聞いても、聞きとった内容の理解が人によって異なる場合があります。さらに、それを時間をおいてから整理をすると錯誤を生じることがあるということで、博物館に戻ってきたらすぐに聞き取りの内容を参加したスタッフで確認し合うことにしました。それをとりまとめて、私のところに報告するという形で全体を進めておりました。

これは巡回のときに持って行った調査用紙で（写真10）、宮城資料ネットで使っているものと同じものです。ちょっと内容が細かすぎて使いづらいところもありましたが、そんな検討をしているよりはまず動いてしまえ、ということで既存のものを流用して使った次第です。

中間報告ですけれども、緊急にレスキューを要したのはだいたい一〇件程度、そのうちの半数が津波の被害を受けたものでした。ただ、大量に資料が出てくることは幸か不幸かありませんでした。また緊急のレスキューは必要ないが近い将来に調査を行った方が良いと判断されるところ、あるいは秋、冬くらいに建物を壊す予定でいるところがだいたい三〇ヵ所以上。これに、とりあえずの処置は必要ないけれども、歴史資料を持っていることが分かったところを含めると、巡回した旧家の約四割強で歴史資料を持っていることが分かりました。

ただ、かつて資料を持っていたけれども、家屋の改築あるいは代替わりのときに処分してしまった、あるいは「もうどうなっているか。あると思うけれども、どこにしまったか分からないんだよね」というような回答も多く見られました。

当初、アポなしの訪問ということでかなり私どもも懸念しておりましたが、全体に好意的な反応を頂戴しました。激しい拒絶反応にあったのは一件のみで、そのお宅につきましても後日「実はいろいろと片付けていたら資料が出てきました」ということで、その後は好意的にご協力をいただいております。

不審者と思われて玄関を開けてもらえなかったり、「うちは全然資料はないから」「うちは古い家でないから」などと、明らかに古いお宅なのですが、そういった拒絶をされた事例が十数ヵ所程度ありました。一方で、座敷に上げてもらっていろいろなお話を伺った事例もあります。回って歩いたのが地震からちょうど一ヵ月半くらいたった時期ということもあり、所蔵者の方々もいろいろな形で自分の体験を話したくなってきた、何かしゃべらずにはいられなかった、そういう時期に当たったのかもしれません。

もう一つ分かったのが、私どもの編さん事業あるいは展覧会で資料を借用したところにつきましては、一〇年以上前にお伺いしたところでも「大事なものだと思ったので、家は大変なことになったけれどもしっかり保管をしています」というところがほとんどでした。

一方で、昭和四十年代から五十年代に町史を編さんした仙台市西部に位置する旧宮城町、旧秋保町のエリアでは、町史に古文書を所蔵していると掲載されている旧家で古文書の所在が不明になったり、処分したという事例が多く見られました。実は、市史のこれまでの調査の中では、この地域は比較的開発の進展が遅いので、資料は保存されているのではないかということで、調査の優先順位を少し落としていたところでした。逆にそうした地域で古文書が失われてしまっているという、一種の盲点のような事態があったことも確認できました。

その他の仙台市博物館の活動としては、発送した文書や新聞記事を見た方からの依頼を受けたレスキュー、あるいは隣接の自治体等へのレスキュー作業の支援、津波で被災した小学校資料のレスキュー、これは一件実施済みで、来週以降に行うところが二校あり、明治の学校日誌とか、そういったものでかなり大量にぬれたものがあるようです。

実際にレスキューを要した歴史資料の事例ですが、やはり津波で被災したものとそうでないものでは、相当に扱いが違ってきます。

まず、津波で被災していない場合ですが、私共が扱ったものとしては、古文書、明治以降の書籍や印刷物、写真、そして古文書などが裏張りに使われている襖《ふすま》などが主なものです。これらの資料については、カビや虫損などの被害が認められるものについては燻蒸処理が必須となりますが、今回はこうした損害が認められるものはほとんど有りませんでした。したがって、通常の資料整理と同じく、中性紙の整理用封筒に収納し、必要なデータを取って目録を作成するといった

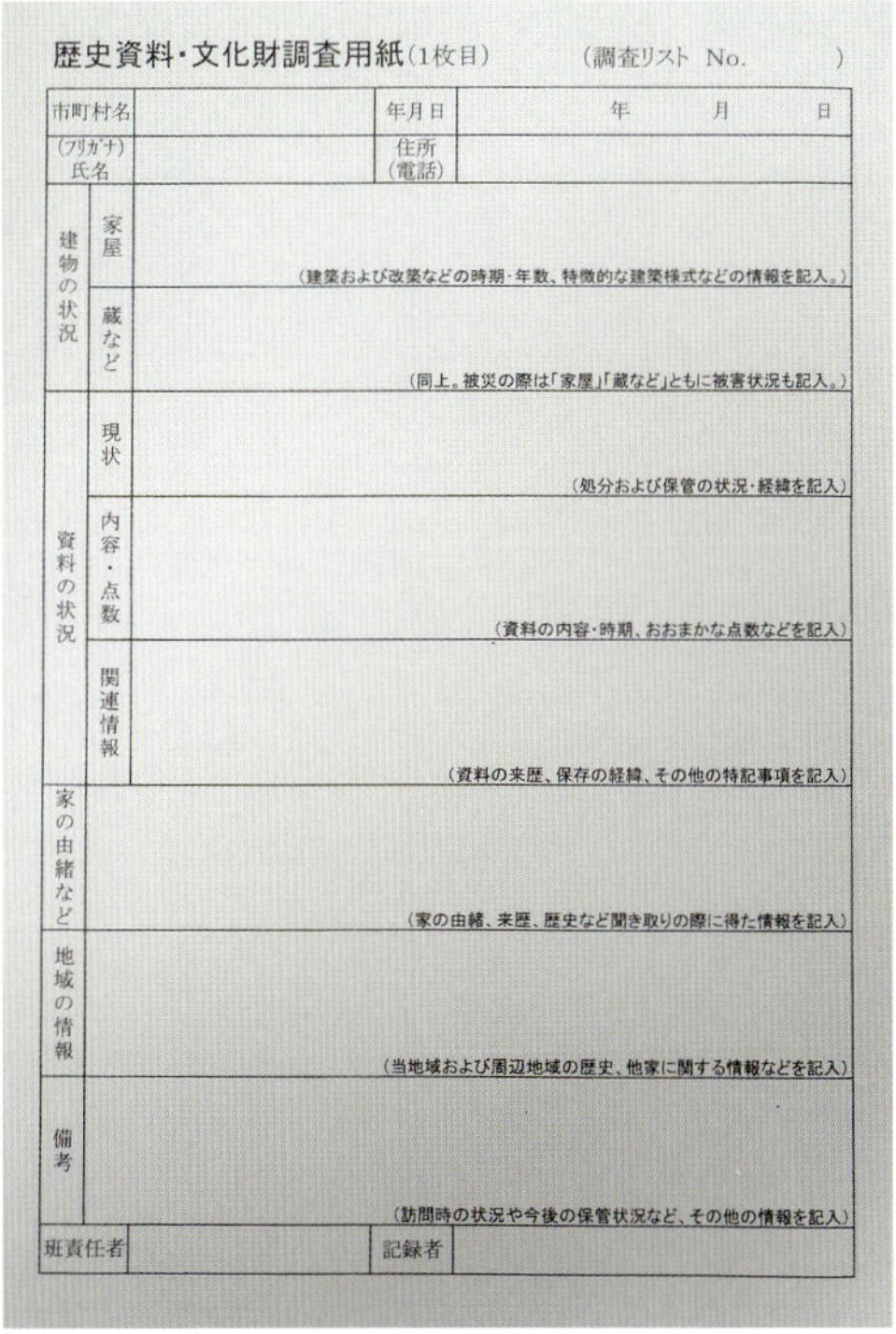

歴史資料・文化財調査用紙（1枚目）　（調査リスト No.　）

市町村名			年月日	年　月　日
（フリガナ）氏名			住所（電話）	
建物の状況	家屋	（建築および改築などの時期・年数、特徴的な建築様式などの情報を記入。）		
	蔵など	（同上。被災の際は「家屋」「蔵など」ともに被害状況も記入。）		
資料の状況	現状	（処分および保管の状況・経緯を記入）		
	内容・点数	（資料の内容・時期、おおまかな点数などを記入）		
	関連情報	（資料の来歴、保存の経緯、その他の特記事項を記入）		
家の由緒など		（家の由緒、来歴、歴史など聞き取りの際に得た情報を記入）		
地域の情報		（当地域および周辺地域の歴史、他家に関する情報などを記入）		
備考		（訪問時の状況や今後の保管状況など、その他の情報を記入）		
班責任者			記録者	

写真 10　巡回調査時に用いた調査用紙

作業を行うことになります。ただし、現状では津波で被災した資料の処置やレスキューに出ることを優先していますので、あまり作業は進んでいない状況です。

古文書を裏張りに使った襖について言えば、裏張りを剥がす作業そのものは、そんなに難しいことではありません。ただ、作業そのものには、広い作業スペースとそれなりの人手が必要になります。具体的には、裏張りを霧吹きなどで十分に湿らせ、一枚ずつヘラなどを用いて剥がし、ビニールシートを敷いた机（もしくは木かプラスティックの板）の上に広げて乾燥させていく、というのが基本です。できれば、裏張りを剥がす際に、裏張りの状況をメモ取りしたり写真撮影したりし、また何層目の裏張りなのかを記録すると、将来的に資料を接合、復元するときに役立ちます。また、糊がきついものは剥がしたままにしておくと、紙が糊で硬化して破損しやすくなる、あるいは虫害やカビの誘引になる可能性もありますので、考古学で遺物の整理に用いる用いるテンバコなどを用いて、水に浸す、あるいは軽く水洗して糊の成分を少なくした方が良い場合も有ります。今回のレスキュー活動でも、古文書が裏張りに使われている襖を引き取ってきましたが、すぐには処置を出来る人手がないので、夏休みに博物館実習にきた学生さんたちに実習メニューの一つとして作業をしてもらいました。これは、これから何年かかけて同じように処置をしていく予定です。

そして大きな問題だったのが、津波で海水に浸かってしまった資料の処置です。当然ですが、濡れたままにしておきますと、カビが発生し、紙に除去できない痕跡が付いてしまいます。また場合によっては、紙そのものが腐敗してしまうという危険性もあるそうです。幸いなことに、津波で濡れた資料の場合、塩水ですので、カビは真水の場合よりは発生しにくいという状況は有りました。その反面、塩分があって湿気を吸いやすいために乾燥しにくいというマイナスの側面もあるようです。

このような水損資料の処置としては、真空凍結乾燥、要するにフリーズ・ドライするのが良いということは以前から情報は得ていました。ただ、実際にどのように行うべきものなのかは、正直な所、手探り状態でした。

例えば、岩手県立博物館さんでは、すでに説明があったように陸前高田の古文書を何日にもわたって、何回も水を取り替え、超音波洗浄までかけた後にフリーズドライ措置を行われています。この方法は、かなり早い段階でテレビ番組で紹介されているのを拝見して、個人的には非常に感心しました。しかし一方では、これだけ丁寧な処置は、どこまで普遍化できるのだろうか、という懸念を感じたことも事実です。

そうした中で、東京文化財研究所で五月上旬に被災文化財の応急処置方法を紹介するセミナーが開催され、その資料を文化財レスキューの関係者を通じて頂戴したのですが、水損資料については複数の処置の方法が紹介されていて、それが微妙に「流儀」が異なっているように見える……。ということで、まずは濡れたままにしておくとカビの発生が予想されますので、状態が悪いものについては、周囲のアドバイスもあり、まずは凍結、フリーズドライ処置を行うため、奈良国立文化財研究所へ処置をお願いしました。これも、フリーズドライした後に、脱塩を行うべきか、行わなくて良いか、はじめは諸説流れ飛んで、ハッキリわかりませんでした。現在では、将来的に、もう一度水につけて脱塩して、再度フリーズドライした方が良いということのようですけど……。

ただ、フリーズドライについては、掛け軸や巻物、料紙に何らかの形で膠が用いられているものなどは処置できないというウィークポイントがありました。また、将来的な再処置（前述したような、脱塩、そして再度のフリーズドライ）の必要性の有無が見えにくかったこともあり、大部分の資料については、まずは早く乾燥させることを第一の課題としました。キッチン・ペーパーを用いて日の当たらない屋外などで乾燥させるというのが基本手段です。

乾燥の際には、将来的なカビの発生を抑えるために、エタノールの噴霧も行いましたが、これについても、やった方が良いという意見と、水で希釈したエタノールを使うと水分を与えて乾燥が遅れるので、あまり使わない方が良いという、異なる「流儀」がありました。またエタノールの濃度も「流儀」によって異なり、結果的には私共としては、八〇《パーセント》程度のエタノールを、カビが生えかかっているなどの場合に限定して用いました。と言いますのも、一部の資料については、エタノールによって書いてある文字が滲んでしまう、あるいは彩色が変色するといった危険性が予測されたことも影響しています。文字の滲みについては、水洗の際にも発生する可能性があるので、十分な注意が必要です。

話を乾燥に戻しますが、冊子物の場合には、所々にキッチン・ペーパーを挟み、それを挟む位置を変えながらペーパーを何回か取り替えて乾燥させ、乾燥が進んだ段階では、泥や松葉といった付着物の除去も行いました。

カビの発生を防ぐためには燻蒸で付着した菌を滅殺するのが有効ですが、八月に東京文化財研究所から、海水で濡れた資料を濡れたままで燻蒸すると有害物質が発生する可能性がある、との指摘がありました。後日、これについては普通に乾燥した状態になれば、海水で濡れたものでもほぼ問題がないとの情報も得ましたが、こんなこともあって私共では燻蒸処置をしばらく行っていませんでしたが、年明けくらいから順次、濡れていない資料や乾燥させた資料の燻蒸を行う予定にしています。

写真 11　津波で被災した古文書の洗浄作業

写真 12　洗浄した古文書の乾燥作業

こうした津波で被災した古文書類については、洗浄と脱塩を兼ねた水洗を行い、その後に吸水紙で挟んでさらに段ボール紙で挟んでミルフィーユ状に重ねて扇風機で乾燥させるという、「東京文書救援隊」が開発した処置方法があり、一部の資料については、この手法も試みました。具体的な方法は「東京文書救援隊」のホームページでご確認いただけますが、この方法ですと、フリーズドライのための特殊装置がなくとも、かなりの処理が出来るというメリットがあります。

このほか、写真資料に関して、古い鶏卵紙を用いた古写真なども津波で被災した資料の中にあり、その処置については東京都写真美術館の方や写真修復の専門家の方にアドバイスをいただいたりもしました。

このように私共では相当に試行錯誤して、いまだに「これがいい！」という決定版を見つけかねていますが、今回、さまざまな形で応急処置が行われるなかで、「流儀」もある程度整理されていくことを願わずにはいられません。

以上のような歴史資料のレスキュー活動に加えて、市内の民間博物館施設のレスキューや避難所資料の収集も行っています。後者についてですが、小学校、市民センター等を含めて仙台市内ではかなり多くの避難所がありました。その記録といえるものを残しておくべきだろうという意見をいただきました。残念ながら私どもでもなかなか力及ばずなところがあり、現在までのところでは全市的な取り組みには持っていけていませんが、個人的なつてを頼って、あるいは関連部局、避難所になった博物館施設への声がけをするということを行い、いくつかの資料を収集しています（写真13）。

その他、博物館の活動としましてはパネル展示を行っております。今回の地震を契機として、やはりこの際仙台の地震の歴史を知っていただきたいということで、四月二十九日の部分オープンに合わせて、当初はとにかく何でもいいから作ろう、市民の方に見ていただこうということで六枚から始め、今では一五枚ほどになっております。内容としては、地震の通史的な紹介、史跡などの被災状況、津波により大きな被害を受けた集落の歴史的変遷、仙台城と地震のかかわりなどとなっています（写真14）。

ご覧いただいている写真は、仙台市内で津波の大きな被害を受けた荒浜という集落の江戸時代の絵図、明治の絵図、戦後すぐの航空写真、地震の数年前の航空写真、それから地震直後の航空写真を並べてその変遷を追ったパネルです（写真15）。この地域については、今後どのような形で復興を遂げられるのか全く分かりません。ただ、こういった集落があったのだということは、やはり仙台市史としてきちんと記録に残しておくべきだろう、市民の方々に知っておいていただくべきだろうということで、こういったパネルを作っております。また、仙台市史の中でこれまでに地震のことをどのように紹介してきたか、ということをまとめたパネルも作成しました（写真16）。

その他、レスキュー活動に関連するパネルとして、文化財レスキュー事業、宮城資料ネットの活動、博物館の活動の概要、あるいは文化庁長官のメッセージや宮城資料ネットの呼びかけ文、それから事業の中間報告といったものを三枚ほど作っております。

今後の活動としては、巡回調査はだいたい八月初めくらいまででいったん区切りをつけて、お盆にかけて一回調査内容の整理を行い、八月中旬には回ったお宅にその後の調査協力のお礼と訪問後の変化を尋ねる文書をお送りして、八月下旬以降に巡回、それから詳細な調査とか処置が必要な箇所の手当てを行っていきたいと思っています。

また九月十八日には毎年行っている市史セミナーという市民向けの講座の中でこのレスキュー活動の紹介を行う予定でおります。パネル展示につきましては、館内での展示は八月末で終わる予定ですけれども、その後、巡回展示を市内各所で行うことを考えています。また、何とかこのパネルを書籍化できないかと、いま企画をしております。

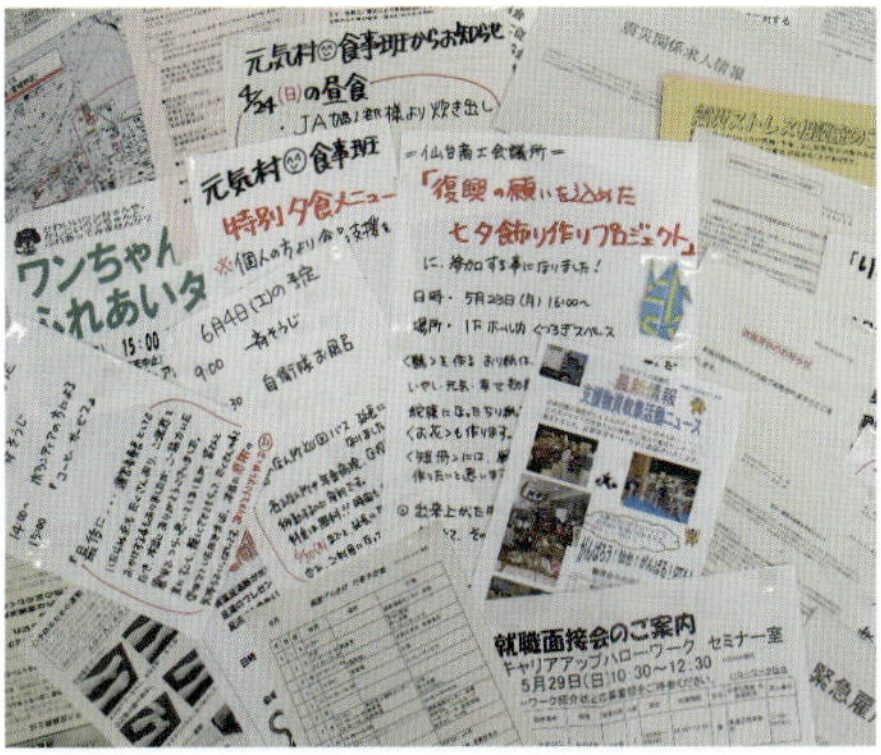

写真 13 仙台市博物館が提供を受けた避難所の資料。仙台市宮城野区福室市民センターに設置された避難所に関係するもの

少し長くなりました。最後に全体の雑感を申し上げたいと思います。

まず、今回進められている文化財や歴史資料のレスキューはおそらく単独事業では無理だろうと実感しています。文化財レスキュー事業については、正直な話、当初動き出した頃は「一体どういうふうに動こうとしているのか見えないね」とわれわれ歴史の研究者の間ではやや疑問視する見方がありました。ただ、私が実際にこの文化財レス

写真 14
仙台市博物館内で行ったパネル展示

写真 15
仙台市若林区荒浜の変遷と津波被害をまとめたパネル

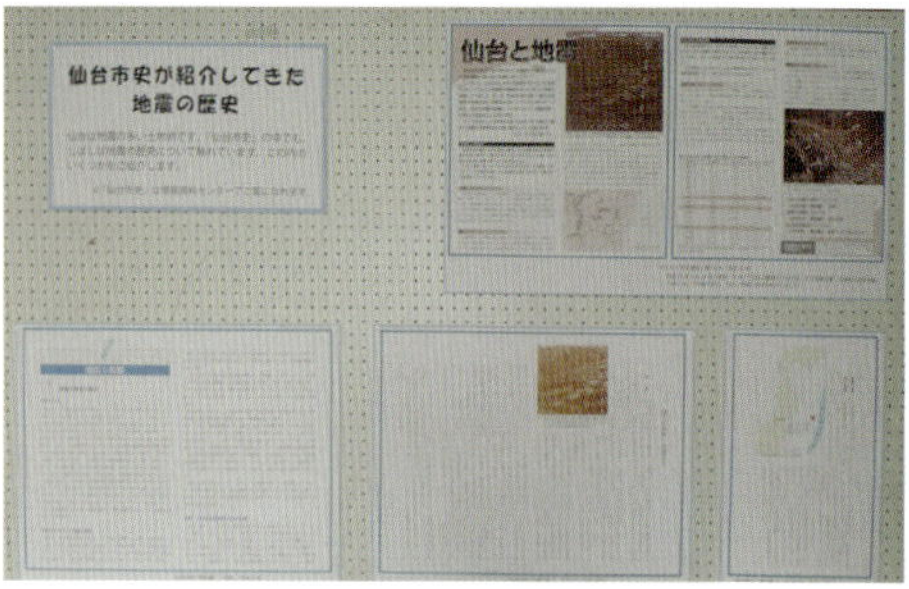

写真 16
仙台市史の中での地震の記述部分を紹介したパネル

キューに関わっていく中で、そのように思われることもやむを得ないところはあったかなと感じる一方で、文化財レスキュー事業は公的な施設とか大規模な資料群、こういったところには非常に有効な手立てだったという認識を今では持つようになりました。

一方でNPO法人の活動については、資料所蔵者から何らかの要請を受けてからの活動になるといった意味では、比較的意識が高い所蔵者について有効なレスキュー方法なのだろうと思います。そういった意味では、私どもや先ほどの多賀城市が行ったような地道に回って歩くという手法は、新たな掘り起こしの可能性が出てくる、歴史資料を持っているという意識を持っていない所蔵者の方、そういったところの手当てができるのではないか、と考えていますし、宮城県ではある程度それが実現できたと評することができるのではないでしょうか。そして、より多くの資料を残すためには、いずれか単独の方法では全てをフォローできるものではなく、こういった複数の網をかけることが必要だろうと思います。

それから文化財レスキュー事業について加えておきたいのは、全県的、大規模な取り組みというのは、その総括を担当する組織の意識や能力によってかなり左右されるだろう、という事実です。少なくとも宮城県において見ていると、私は順調に推移したのだろうと考えています。そしてその中で忘れてはならないのが、先ほども少しお話ししましたように、県の文化財保護課の担当職員のほとんど休みを取らないような尋常ではない努力にこの事業が頼っていたということです。

ただ、次に東南海地震なのか、どこなのか分かりませんけれども、他の県で同じようなことがあっていいのか。こういうヒーローを実は出さないように、個人的な資質や意識に頼らず、組織的にうまく運営する仕組みを作ることが必要なのではないでしょうか。

併せて注意したいのは、指定文化財を重要視する意識、あるいは「文化財」という言葉を使うことが一部には障害になりかねない、と言う事実です。ある自治体の文化財担当のところで、「なんで仙台市博物館は未指定の文化財までいろいろと守るんだろうね」というようなことを言っていたと遠回しに聞いたことがあります。つまり、指定の文化財さえ残せばいいというような意識が文化財担当者の一部にはあるようです。そういった意味で、われわれ歴史資料を取り扱っている者からすると、意識の隔絶がまだまだ大きいのだなと今回あらためて感じました。指定文化財も大事ですが、指定されていない資料にも地域にとって重要な資料がたくさんあり、そうしたものを将来へつなぐことが重要な課題である、ということをも強調しておきたいと思います。

もう一つ大事なのは、やれることを行うことです。「あの資料を残せなかった」と悔いるよりは「この資料を残せた」というふうに考えていかないと、この仕事はやはりできない。従来いろいろなところで行われていた活動は当然参考にすべきですけれども、それが最低限することではない、ということです。

現実的に被災した中では、スタッフ、時間、資金、そういった問題で作業の内容を取捨選択せざるを得ない場合が多いのです。例えば、今回は民具については収蔵場所の確保ができず、われわれのレスキュー対象から外しました。また津波の被害を受けた石碑のレスキューができなかったというのが、私としては後悔するところです。でも、できなかったことを悔やんで無力感にとらわれるよりは、少しでも前に進もうとする気持ちをもつこと、これが一番大切なのではないかと日々考えています。

最後にもう一つ大事なのは、やはり被災前から情報を収集する、旧家や資料所蔵者の情報を蓄積することが、こういった非常時のときに迅速に動ける、非常に大事なファクターになってくる、ということです。それから旧家などとはこまめにコンタクトをとること。一度断られても二回目に行ったら、実はその後出てきましたということは少なからずあります。また「何か出てきたら連絡しますね」と言っていただいても、実際は連絡が来ないのが普通だと思ってください。行くと「ああ、待っていました」ということを言われることがしばしばあります。

そのためにも平時であればせめて数年に一度の訪問とか、展覧会やイベント、あるいは出版物の案内送付、年賀状とか弔電を打つといったことを行っているだけでも、おそらく相当に有効だろうと思っています。

そして注意しなければいけないのは、歴史資料を保存するという行為は所蔵者に大きな負担をかけているということ。時間も迫っていますので詳しくは申し上げませんが、レスキューに限らず、歴史資料を残す、あるいは活用する際には、資料自体、そしてその資料を伝えてきた先人や所蔵者の努力にきちんとした敬意を払うべきということです。

かなり長くなりましたが、仙台市博物館の資料のレスキューについてのご報告を以上で終わりにさせていただきます。ありがとうございました。

［追記］仙台市博物館が実施している資料レスキュー活動については、仙台市史編さん事業の機関誌『市史せんだい』の第二一号（平成二十三年十一月発行）の中で、「緊急特集／東日本大震災における資料レスキュー活動」と題し、中間報告を行っています。

報告5

文化財レスキューで大学博物館にできること

加藤幸治

東北学院大学博物館の学芸員を担当しております加藤幸治と申します。私は大学博物館の立ち上げに平成二十一年度に関わり、当初から大学博物館というものがどういう存在意義を持つのかとか、公立の博物館ではできないことは何なのかとか、いろいろなことを考えていたわけですが、その中で今回の震災が起こりました。

今回あのすさまじい揺れを経験して、避難所で暮らしたわけですけども、非常に情報がない中でも、地域博物館の多くが被災したであろうということは容易に想像がつきました。その後、レスキューというものが動き出すことを、宮城県教育委員会の小谷竜介さんからいち早く情報をいただきました。実は小谷さんは研究仲間というか、私どもの大学でも非常にお世話になっている研究者です。そこで私が予想したのは、おそらく公立の博物館の学芸員はレスキュー活動へすぐに動けないだろうということでした。公立博物館の学芸員は、ひとまず自分の所属する自治体の仕事として当座は被災者の生活確保や避難所運営、行方不明者の対応などに追われますし、何より自分の勤務する博物館のコレクションを守るので精いっぱいだからです。

それから一時保管をするスペースが最も大きな問題です。津波で博物館や収蔵庫が被災した場合、十全な状態で保管できないコレクション等はどこかへ避難させることになるわけですが、現実的には公立博物館はどこも収蔵庫はいっぱいだというのは全国どこでも同じ状態ですので、おそらく新たな保管スペースの確保は非常に難渋するだろうと予想がつきました。普段活躍されている友の会のメンバーとか博物館のボランティアも、自身が被災しておられますので、彼らも活動することがすぐにはできない。という中で、大学博物館はどういうことができるかを考えました。しかし個別に勝手に動くと収拾がつかなくなることも予想がつきましたので、国の文化財レスキューという枠組みの中で動こうということを大学博物館長の辻秀人教授や、同僚の民俗学教員の政岡伸洋教授と、相談して決めました。勝手な動きをしないようにしようと決めたわけですが、それ自体辛抱のいることではありました。被災地では極限状態の中で正義感が先に立ってしまうということがありますから。しかし今回はすべてが桁外れでしたから、組織的に動けるまで待つ決断をしたわけです。

ちなみに今回、これだけ大規模なかたちで博物館のコレクションや収蔵庫の資料、つまり未指定文化財が救援されたことは、非常に大きな決断だったと思います。文化財という価値と、博物館のコレクションを守るというのは、同じ枠組みでは進まないものですが、これを自然史関係資料や美術作品もあわせて進めるということを聞いて、「博物館屋」にも何かできるのではないかと勇気づけられました。

私たちはまず、被災文化財等救援事業における一時保管施設として名乗りを挙げました。大学というところは学生がたくさんいます。技術や知識はないけれども、たいへんな意欲がある。私どもの民俗学ゼミナールは三年生、四年生、大学院生を合わせれば七〇人ぐらいいますので、人的な資源はある。それから収蔵場所の問題ですが、大学はひねり出すと意外とスペースがあったりします。昔ボイラー室として使っていて今は空っぽとか、研究資料の収蔵室とか、実習室としてわれわれが普段使っている場所とか、探すといくつかありました。
ところで、私たちの大学博物館の建物そのものの被害はなくて、資料も学生のテグス止めの練習で一点残らず展示資料を固定していましたので、何も被害は出ませんでした。台ごと動いて上に載っているものは動かなかったという状態でした。学生の中には私よりも上手にとめる子が出てくるのですね。思わぬ子が思わぬ技術を発揮するのです。彼らのおかげで土器を中心とした壊れそうなものは、ことごとく守ることができました。また、免震台は抜群に効きました。たて揺れだったらどうだったかわかりませんが。それから、大学博物館の駐車場が地盤沈下をして車が入れない状況になっています。ということは、そこはクリーニングの作業スペースとして使えそうだと考えました。

人的資源と空間の確保という二つの点で、公立博物館とは違った貢献ができるだろうということがわかりましたし、作業スペースやクリーニング前の資料を仮置きする場所もある。そういういくつかの要素があって、先ほどの県の担当者に、今回のレスキュー活動ではたぶん大きな規模のコレクションを分散させずに丸ごと抱えないといけないケースというのがいくつかあると思うので、それを積極的に受け入れたいと申し出ました。その後、被災文化財等救援委員会のほうでいろいろと検討していただきまして、結局、石巻市の鮎川収蔵庫の民俗資料、考古資料を一括で受け入れることになりました。これがレスキュー活動が始まるまでの経緯です。

先ほどから話が出ていますが、そもそもレスキューするとはどういうことかというと、結局、動産の文化財、建物とか史跡とかではなくて、いわゆる博物館の収蔵品であったり、旧家で所蔵されているまとまったコレクションであったり、それが被災して盗難の危険性があったり、がれきと一緒に廃棄される危険性があったりするものを、救援するということです。後ほど述べますけれども、民俗資料に関しては特に後者の危機があります。また、非常に劣悪な環境で資料自体が劣化していくのですが、身近な生活資料である民俗資料は、その身近さゆえに、少し汚れただけで捨ててしまおうということになりやすい。被災地から被災文化財を救援する必要性が、そこから出てきます。

図1は被災文化財等救援事業の概念図です。救援委員会の本部が東京文化財研究所にあって、先ほどの菅野さんのお話のように現地本部が宮城県の場合は仙台市博物館に置かれました。現地で資料をレスキューする「レスキュー隊」がその都度、その日ごとに別々のメンバーで組まれるということになります。そして博物館施設等にレスキューされた資料を一時保管して、第一次の処置を行うことになります。

実はわりと早い段階から、宮城県内の被災文化財リストを内々に見せていただいていました。普段から個々の博物館の資料の把握につとめてきた宮城県の小谷さんだから作れたリストです。菅野さんの話にもありましたが、被災状況で効いてくるのは平素の地道な仕事です。そこには三〇ヵ所近くの博物館とか収蔵庫とか、個人のお宅も書かれていたわけですが、どうしてこれほど多くの動産の文化財が被災することになったのかという背景には、やはり戦後の博物館の歴史が関係しています。

皆さんもご承知の通り、昭和後期に地域博物館の建設ラッシュがおこり、また自治体史編さん事業が飛躍的に進んでいって、研究のほうでも地方史研究の進展とか、あるいは民俗学の地域に視座を置いた研究方法の主流化とか、あるいは資料の現地保存主義、民具を保存・収集しようというある種の運動など、資料が地域に〝くぎ付け〟されていった歴史があります。そのことが悪いというのではなくて、それゆえ文化財の防災計画が必要だったのですがそれがなおざりになっ

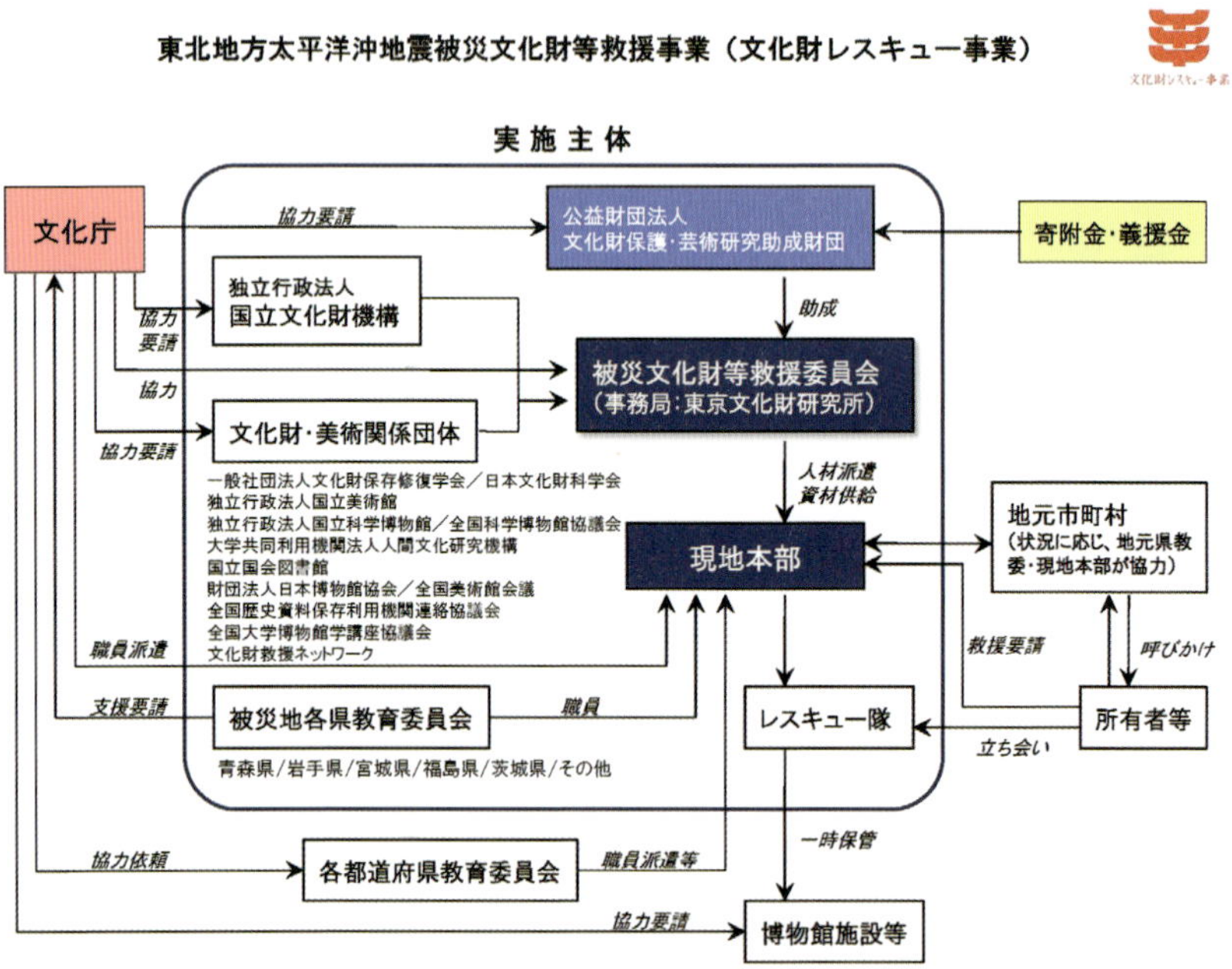

図 1　被災文化財等救援事業の概念図

図 2　東北学院院大学博物館の外観

ていったことが問題なのです。今回のレスキュー活動というのは、こういった日本の博物館史とか学史と深く関わっているという想像力が必要なのだと思っています。

なぜそんなことを考えなければならなかったかといいますと、レスキューの現場というのは、想像を絶する厳しさがあるからです。私はこの民俗学という学問をやっていて、こんなに過酷な現場で仕事をするとは夢にも思いませんでした。そこでは本当に思考停止になります。自分が何をやっているのかも分からなくなっていきます。周りはがれきだらけで、文化財収蔵庫の中もがれきのように見えるので、視覚的にがれきと文化財を分けるものはあまりありません。

一方で現地では、一回沖に流されて、また浜に寄りついたいろいろな遺留品を浜ごとに、現地の人がある種レスキューをして公民館などに置いて、「皆さん、自分たちのものはないですか」と、卒業証書とか写真とか結婚式の写真とか、いろいろなものが置いてありました。中には獅子頭などもありました。これもある種のレスキューですね。レスキューするという行為に、「私はここで何をしているのだろう?」と疑問を持ってしまうとどうなるかというと、体が動かなくなってしまいます。まさに立ち尽くすという状態で、そんなことの繰り返しでした。今にして思えば、この文化財あるいは歴史に関する資料と付き合うことという、根本的に考え直す機会を得たのだというふうに転換して考えることもできるのですが、現場ではそんな余裕はありませんでした。

私たちが参加することになった石巻市《いしのまきし》鮎川《あゆかわ》というのは、牡鹿《おじか》半島の突端に近いところにあります。金華山《きんかざん》が目と鼻の先です。ここは漁村というよりはもともとは海付きの農村のような体をなしていたと思うのですが、近代に入って産業としての捕鯨が一気にここに入ってきて町場化した非常に大きな集落です。津波は八・八メートルで、海抜一〇メートル位まで壊滅しました。少し高台に集落が一部残っていますが、ここは明治の三陸津波でも残った集落だと聞きました。普段、われわれ

図 3　石巻市鮎川：沿岸部の商店街があった付近

図 5　石巻市鮎川：津波は建物を根こそぎ破壊してしまう

図 4　石巻市鮎川：被害が最小限だった高台の集落

図 6　［上］石巻市鮎川：湾に面した観光施設

図 7　［中右］鮎川公民館

図 8　［中左］鮎川収蔵庫に押し寄せたがれき

図 9　［下］鮎川収蔵庫被災状況全景

は被災地の写真は授業で扱わないようにと申し合わせています。ＰＴＳＤやフラッシュバックを引き起こしますし、被災経験をしたものにとって、こうした景観というのは非常に生々しく映るものです。今日はこういう場ですので積極的に出していきます。これから現地の写真を見ていただきます。高台に旧役場があり、その下に体育館があって、その周囲は東北電力の寮だけが残って、全部集落がなくなりました。写真は現地でなかなか撮れません。心を鬼にして撮ったという感じです。

体育館の前に牡鹿公民館があり、ボランティアの活動拠点になっています。二階に旧牡鹿町史編さん資料の所蔵室があり、水損したものの全て流失せずに残りました。今これは東北福祉大学附属芹沢銈介美術工芸館に一時保管されています。後で分かったことなのですが、旧牡鹿町史編さん資料と今からご紹介する、われわれが一次洗浄をしている資料とは一体の資料でした。今はひとまず資料そのものの状態を安定させるのが先決ですが、東北福祉大学で保管している資料と付き合わせて、一括資料として再構成する必要が出てきます。これはおそらく来年以降の作業となります。

石巻市鮎川収蔵庫は壁が完全に破られました。このプレハブ一棟の中に民俗資料と考古資料、地学資料がありました。津波の勢いで収蔵庫内で資料が滞留し、奥へ奥へと押し込まれて潰されながら、泥に埋まっていったという状況です。そこにたくさんのがれきが流れ込んでいるという状況です。

このレスキューに出向くときに、どういう用意をしてくれというのは大まかにしか指示がありませんでした。保険はかけてくれているとはいえ、装備などは個々に考えて準備するしかありませんでした。例えば破傷風が非常にはやっていました。本当に先ほどから申し上げているように、この仕事をしていて破傷風の予防注射をしてフィールドに出かけるとは夢にも思いませんでした。そういうこともありますし、電柱が倒れかけていたり、壊れた家の建材がむき出しになっていたり、油が漏れた自動車がそのままあったり、物理的に非常に危険なことがたくさんあります。

先ほど思考停止になるという話をしましたが、現地では何が危険で何が危険でないかが分からなくなってしまうのですね。例えば、プロパンガスのボンベがたくさん浮いて収蔵庫内にも流れ込んでいました。最初に現地確認に行った日に、ガスボンベが収蔵庫内にいくつかありました。これは作業にとって危ないと誰もが思ったのですが、なぜかみんなで話し合って「じゃあ、これを外へ取り出しておこう」ということになったのです。「よし、やろう」ということになって、皮手袋をしていたのですが、ガスボンベを手で持ってバケツリレーのようにホイホイとやっていって、最後はがれきの横にボンと置きました。これを二つ運んで、やれやれというようになって、みんな、はっと気が付いたのです。普段だったら、ガスボンベが落ちていたら触りません。ところが冷静な判断がつかなくなってしまっていて、周りががれきの山ですから、それをみんなで一生懸命やってしまったわけです。みんな、すごく必死に働きました。そして後で青ざめたということがありました。私は張り切ってその先頭に立って、ボンベを持ち上げて次の人に渡しました。中にはガスがほぼ満タンに入っていたものもありました。あのときに爆発でもしていたらどうなっていたろう……。二次災害というのはこうして起こるのでしょう。それを思い知らされた瞬間でした。

それと現地での作業時間は非常に短いです。朝七時に出発しても渋滞しますし、道が悪いですから、現地では十時半か十一時くらいからしか作業が始められません。宿泊ができませんから、日帰りで戻ってこなくてはなりません。結局、現地では三時間強くらいしか実質的には作業時間がないのです。なので、車から下りてすぐに作業を始めて、あるところでけりをつけて帰ってくることが必要でした。

収蔵庫は手前側の壁がなくなっていて、波が手前から中に入ったことがわかります。なぎ倒していって奥を破って、中のものを押し出しながら外に漏れていきました。ふと足下を見ると、注記された土器がありました。しかも、ガラス片と一緒に埋まっていました。つまり、ここには考古資料が整理された状態で整然と、おそらく棚に入れられていたものがその棚ごと壊れて土砂の中に埋まっている、その上に民俗資料が覆い被さっているのが現況です。

図13は現地で、みんなでどういうふうにするか作戦を立てているところです。国立博物館、国立文化財研究所、人間文化研究機構の研究者、県の担当者、被災地の市町村の担当者、現地の管理担当者、それと私たちでどういうふうにレスキューをするか作戦を立てました。結局、まずここは考古チームの奈文研のチームと宮城県考古学会の人たちが入って、まずとにかく「発掘」をする。本当に「考古屋さん」というのはすごいですね。こういう現場でもきちんと「発掘」をして、最終的には土を全部かいて資料を全部回収して、「発掘」でいういわゆる「地山」まで出して、その上に民俗でレスキューするであろうものを、がれきと判別できないものは全部ここへ置いたまま用意しておいてくれました。この作業には、本学の佐川正敏教授も参加されています。第二陣は民俗資料のレスキューです。被災した収蔵庫から、整理作業と保管のために隣の体育館の床が抜けたところに搬出しました。この作業には、石川県や三重県、新潟県と、様々な方面から研究者や学芸員が参加しました。日本博物館協会の枠組みで参加した人もいれば、一週間も年休をとって全くのボランティアで来た人もいました。このとき、屋根の内側に、これはシャンプーの空箱が引っかかっているのを見つけました。この収蔵庫は、屋根までいったん水没したのです。

塩と泥の影響、一番大きいのは津波の破壊力で破損の影響があることが、資料のレスキューの現場であらためて確認できましたし、資料は浮き上がってかき混ぜられるような感じで壊れていったのだと理解できました。

作業上の問題としては、目録や台帳がないまま、全体像を把握しなければならない困難さがありました。何が資料なのかわからない状況の中で、とにかく作業時間がないので、救援するものの優先順を決めました。とにかく悪い状態の現場から資料を一点でも多く離脱させることを考えて、たくさん積み込んで運ぶということをした結果、運搬過程で壊してしまったものもありました。これは後ほど出てきますが、しっかりと記録をして修復できるものは修復していきます。それから現地の方の生活の困難さの中でレスキュー作業をしなければならないということが、作業をしている人間にとっても非常につらいです。もとより協力など期待していないのですが、現地では文化財レスキューどころではないので温かくは迎えてくれません。また余震も続いていましたので、現地では携帯電話の緊急地震速報を私は震度三でも鳴るように設定し、事前にどこに逃げたら助かるのかを聞いてから作業をしました。

そういうことをしていると、なぜそこまでして活動しなければならないのか、考えざるを得なくなりました。これは、市民社会の共有物、公共財としての文化財と対峙する研究者の位置に立ち戻るしかないと思いました。現地へ行くまでの災害復興支援車両の大渋滞のなかで、そんなことをいつも悶々と考えていました。文化財に対して何か手立てを講じるということを、この状況では我々は市民から負託されていると再認識し、現地の学芸員がそれに関われない場合に救援可能な研究者が出向く。その部分においては選択の余地は、私の場合はありませんでした。

レスキュー作業は、その日によって違うメンバーで活動します。ふだんは一緒に仕事をする機

図 11　押しつぶされた民俗資料

図 12　津波で破られた収蔵庫壁面

図 13　関係者が搬出方法を協議する

図 14　ガラスに交じって散乱する考古遺物

図 15　埋もれた注記されている土器

図 16　津波で内側が破られた収蔵庫の壁

会のない人々が、その日その日の目的だけを共有して労働をします。また次の日は違うメンバーで作業をします。ひたすらに労働をして、あまり名刺交換をするという雰囲気でもないので、お昼を食べながら「ところで、あなたはどこから来たの」というような現場です。実は、これは被災地ではいたるところで起こっていたことで、被災者支援のボランティアから自衛隊や警察に至るまで、みんながそうした状況依存的なグループで仕事をしていました。

この日は民俗資料のレスキューとはいえ、レスキュー隊のメンバーの専門は様々でした。民具のことがわかるのは、新潟市歴史博物館から救援にきた岩野・森両学芸員、それと私と、国立民族学博物館の日高真吾准教授でした。日高さんは全体の取り仕切り役でしたので、三人で仕分けをすることになりましたが、その価値基準というのは非常に曖昧なものでした。やはり付札なり注記なりがないと、資料かがれきかを判断するのは困難でした。結局、そこでは判断せずに収蔵庫内にあるものすべてを運び出すことになり、レスキューID番号と資料名を付けていったのです。最終的にはがれきであったとしても、レスキューをしたからには、とにかく安易に判断せずに一次洗浄までは行って、物理的安定を図ってから、それはがれきであったのかどうかを判断すればいいという考えです。

私たちが大学博物館に搬入した資料を、どういうかたちで一次洗浄作業をしているかというと、カルテというものを作って進めています。これがレスキューカルテですけれども、A4判でその資料の状態を書くようになっています。これは民博の資料貸借時のチェックカードを参考にしたのですが、まず素材としてあるものすべてに丸を付けます。木とか紙とか、鉄とか合金だとか。そして状態を記録していきます。具体的には、紙―腐食、布―汚れ、木―カビなど、素材と状態を線で結ぶような感じです。私と大学院生がそれを診断します。そして処置内容を指示します。

これは水洗いをしようとか、わらはぬらしてはだめだとか、獣皮のところはぬらさないでとか。

なぜこれをしなくてはいけないかと言うと、作業をする学生は三十人以上います。しかし学生は資料の処置をどうするかなど判断できませんから、その判断を私に集約をして、カルテに記載し、学生はそれに基づいて作業を行うことにしました。実際には、作業に慣れてくると勝手な判断が入り込み、カルテそれ自体も徹底されないこともあるのですが、一応それで作業の流れを管理することにしました。

どうしてこれを作ったかと言いますと、少し余談ですが、私は震災当日は家がもう住めなかったので、仙台市内のある災害拠点病院のロビーで一夜を明かしました。朝五時半ぐらいでしたか、病院の方にたたき起こされて、出ていってほしいと言われました。夜が明けて行方不明者の捜索が始まるから、たくさんの重症患者が運ばれてくるというのです。そうこうしているうちに、そこでいわゆるトリアージ（識別救急）が始まりました。その様子をあっけにとられて見ていたのですね。まず医者が体温が低いとか、手が折れているとか、持病のケアと一緒に処置しなければならないとか、患者の診断を下します。それを横で看護師さんがバーッとそれをカルテに書いていくのですね。次の処置班のところにカルテとトリアージのタグと患者がセットで送られて、治療が行われて家に帰ってもらう人、病棟に運ばれていく人、他の病院をあたるように指示される人などがいて、それ以前に玄関のところで軽度の症状の人はそこで門前払いされていて、そんな現場を目の当たりにしました。それも普段は目にすることのない非常に厳しい現場でした。

レスキュー作業の現地で資料を見たときに、ふとそれを思い出しました。大学へ運んだら、まずトリアージのような関所を設けて、診断をして処置内容を決めて、一次洗浄をして物理的な安定を図るところまではやるということをすればいいのだろうと考えたわけです。それでカルテを作りました。実際のクリーニング作業では、学生だけではなくてわれわれもそうですが、クリーニングをし始めるとどうしてもきれいにしたくなってしまうので、一生懸命「きれいになるように」クリーニングをしてしまいます。でも一点の資料を丁寧にやっている間に、作業待ちの資料がどんどんカビていくので、今回は数をこなすことが重要で、全体で二千点以上資料がありますので、まず一次洗浄を十月くらいまでに終えるためには数をこなすことが重要です。なので、「き

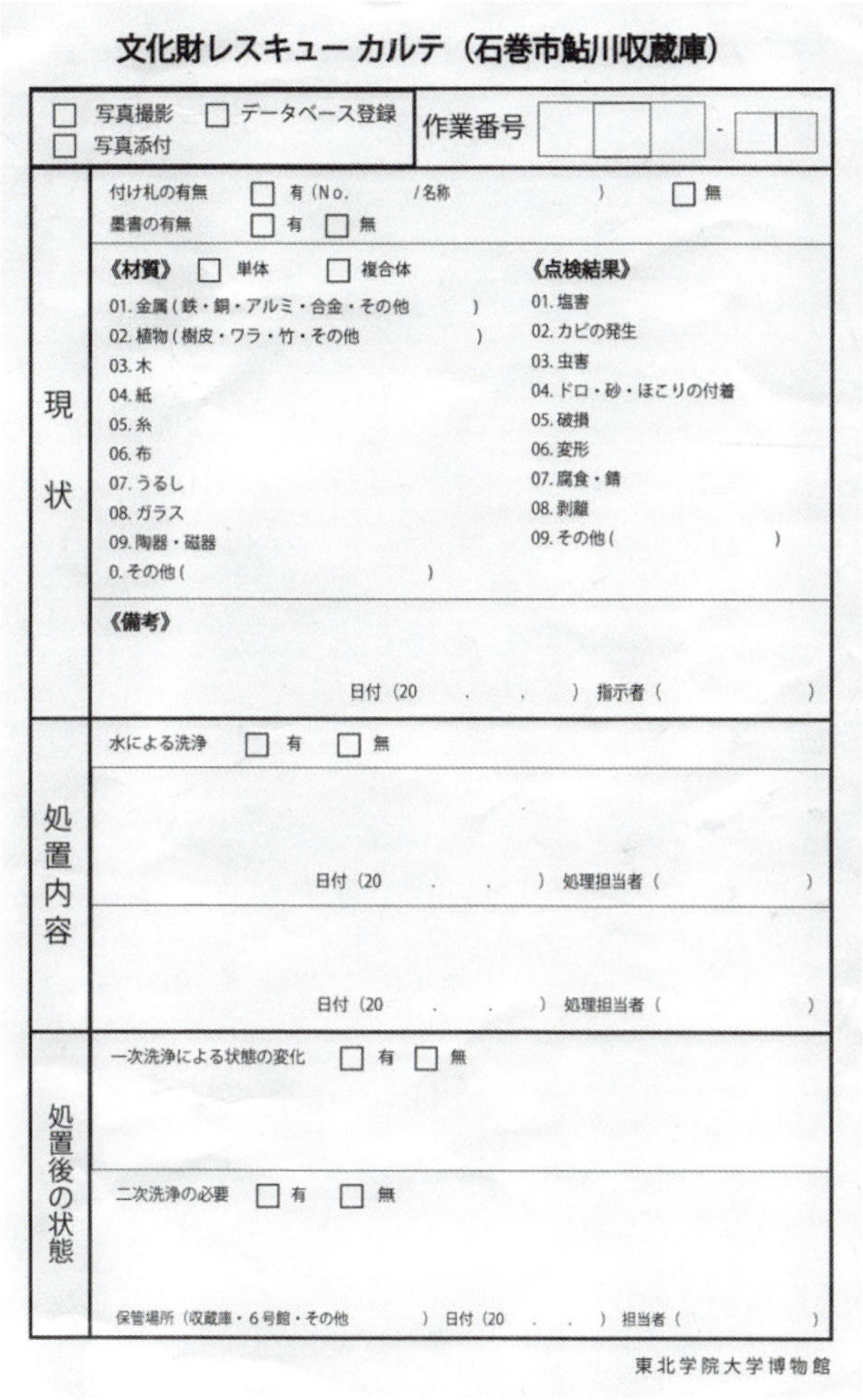

文化財レスキュー カルテ（石巻市鮎川収蔵庫）

□ 写真撮影　□ データベース登録
□ 写真添付
作業番号　　　-

現状
付け札の有無　□ 有（No.　/名称　）　□ 無
墨書の有無　□ 有　□ 無
《材質》　□ 単体　□ 複合体
01. 金属（鉄・銅・アルミ・合金・その他　）
02. 植物（樹皮・ワラ・竹・その他　）
03. 木
04. 紙
05. 糸
06. 布
07. うるし
08. ガラス
09. 陶器・磁器
0. その他（　）
《点検結果》
01. 塩害
02. カビの発生
03. 虫害
04. ドロ・砂・ほこりの付着
05. 破損
06. 変形
07. 腐食・錆
08. 剥離
09. その他（　）
《備考》
日付（20　.　.　）指示者（　）

処置内容
水による洗浄　□ 有　□ 無
日付（20　.　.　）処理担当者（　）
日付（20　.　.　）処理担当者（　）

処置後の状態
一次洗浄による状態の変化　□ 有　□ 無
二次洗浄の必要　□ 有　□ 無
保管場所（収蔵庫・6号館・その他　）日付（20　.　.　）担当者（　）

東北学院大学博物館

図 17　文化財レスキューカルテ

図 18　仮置き場として決まった被災した体育館

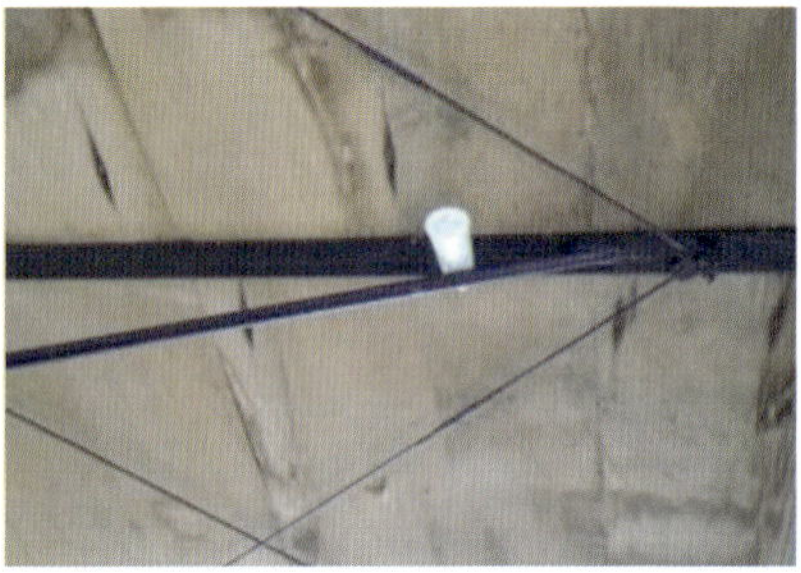

図 19　天井に引っかかったシャンプーの空箱

図 20　搬出前の民俗資料

図 21　レスキュー過程で出たがれき

図 22　搬出作業

図 23　搬出作業

れいにしすぎないでいいよ」と随時指示をしながら、やっていくことになりました。

レスキューされた鮎川収蔵庫の資料の中心は、農具、漁具、衣食住の生活財、職人の道具などです。なかには昔の手押し消防車もあって、本来は人をレスキューするはずの消防車をわれわれがレスキューしたわけですけれども、写真では高校生がクリーニング作業をしています。おそらく今後、現地で何か展示を作るときに防災というのは非常に重要なテーマになります。この資料はシンボル展示のようになる可能性があるかと思っています。現地での避難時には、消防団が大活躍したわけですから。

実際にはちょっと乱暴な洗い方もしています。幼児用の空気を入れないで作る簡易プールに水をためて洗っています。三和土《たたき》で作った竈神《かまがみ》さまなどは、もちろん水洗できません。よく水没したなかで溶けずに残ったものです。古いかどうかわかりませんが、時計の資料があるのですが、

図 24　体育館でレスキューの ID 番号を確定

図 25　一時的に体育館にレスキューされた状態

図 26　空っぽになった被災収蔵庫

明らかに資料として蒐集したものと、そうでないものがあって、写真のようにまさに津波の時間をさしている新しいものもあります。ただ、その判断は何となく似たような時間だなという判断しか今はできないので、ひとまず一生懸命クリーニングをしてから、整理作業で何かの判断をすることになると思います。

作業の流れをまとめていきます。まず診察をします。そして一次洗浄をします。そしてその後の経過も記録します。今回難しいのは、私は和歌山県立の博物館施設で十年間民俗資料の扱いを担当してきたのですが、資料に対してはこういう状態なら放っておいても大丈夫、こういう状態は一週間放置したらこうなるだろうといった、見通しを身体感覚として持っています。しかし、津波の被害を受けてさらに二ヵ月以上現地で埋もれていたとなると、状況は全く違っていて、これまでの感覚と資料の動きに大きなずれが出ています。思わぬカビが生えたり、壊れたり、われわれが予想している動きと違うリアクションが資料のほうから返ってきます。この経過をどんどん記録して、この資料なりの感覚を身につける必要があり、あるカビが生えた部材を意図的に放置して経過観察をするといったある種の実験もやりました。いま課題なのはその時間軸、資料が動いていく過程を管理できるデータベースがあると資料の管理が便利だと思っています。これについては、博物館情報を扱う工学系の研究者と打ち合わせをしはじめています。

最後になりますが、研究の俎上に載せることがこの仕事の重要なことではないかと思っています。レスキュー活動は文化財の扱いについての研究の場だと思います。その情報は最終的には公開されるべきだと思います。ハワイ大学の図書館のウェブサイトで、水害が起こったときに所蔵していた蔵書をどういうふうにクリーニングしたかをYou Tubeで公開しています。そこには研究者が出てきて、おそらく彼女も被災者なのですが「これはわれわれに課せられた研究である」

図 30　土製の竈神

図 27　クリーニング前の資材置き場

図 31　汚れにひどいものは一度プールを使って洗浄

図 28　積み下ろし時の持ち出し資料確認

図 32　消防車をレスキュー

図 29　美術品専用車から積み下ろす

図 35　被災したままの写真からクリーニング後まで、逐一写真撮影

図 36　人海戦術での作業

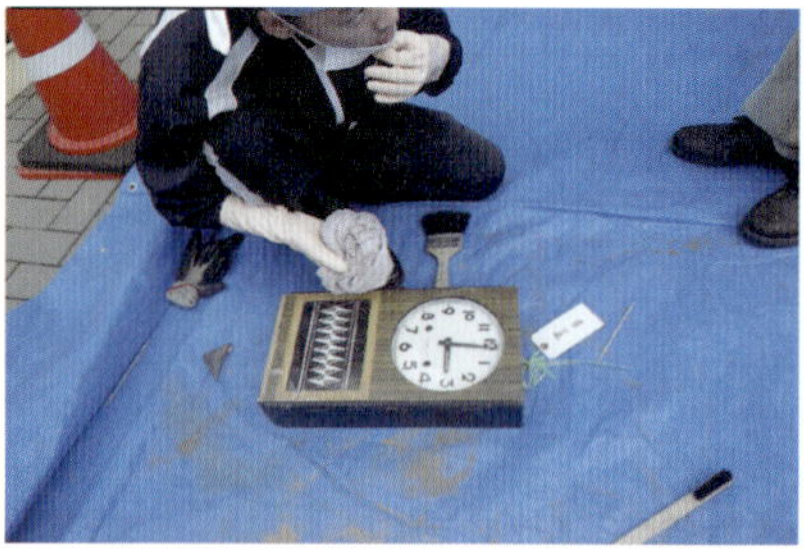

図 37　津波第一波襲来時の時刻を指すと思われる時計

図 33　学生の一次洗浄作業

図 34　津波の土を細かく取り除く

というようなことを言っていました。非常に勇気づけられました。

津波でコレクションを失うというのは地域にとっては一次資料を失うことですから、これは非常に大きなことだと思います。一次資料が観光資源になったり、教育資源になったり、さまざまな活用のされ方をしていくわけです。最近ではコミュニティの再生とかいろいろなことが、雑誌や新聞に文字が踊りますけれども、民俗学ではそれは文化の流用とか活用の研究で、資料の持っている一側面に過ぎないということをわれわれは知っています。一次資料を残すことがどんな重要性を持つのかということをもう一回考え直してみてもいいと思います。

それから次代の研究者育成の場です。このひどい資料を扱えたら、どんな民俗資料でも扱えると自信を持って言えます。こういう言い方がいいかどうかは分かりませんが、大学院生はいい訓練をしているということになります。また返却した後、その新たな価値付けにどう関わることができるのかというのは、大学博物館としては取り組んでみたいことです。

受付の入口のところに、夏休み中の作業にボランティアにぜひ来てください、受け皿になりますというようなチラシを置いておきました。旅費等は全然出せませんけれども、受け皿にはなりますので、ぜひこうした勉強をしてみたいという学生、院生の方は関わってきてください。上智大学は大学をあげて協力してくれています。また仙台の高校生も関わっています。

今回の場合、クリーニングに関わっている学生自身が被災者です。非常に困難な中でこの仕事に取り組んでいます。あえてこれに関わることで、何かを乗り越えようという大学院生もいます。非常に精神的に厳しい中でやっています。被災地の大学あるいは大学博物館で文化財レスキューに取り組むとき、この点が非常にやっかいで、壊れた資料が学生のメンタル面に与える影響は少なくありません。ただ、他大学から学生が来て一緒に汗を流して仕事をして、終わったら酒を酌

図 38　データ整理の室内作業

み交わして交流するというのは、学生・院生にとって心の安定にもつながりますし、研究への意欲を作り出す意味で本当に欠かせないことです。合計で関東の六つの大学、仙台の二つの大学から学生・院生が作業に参加してくれましたが、その意味でも本当に助けられました。ぜひボランティアとして作業に関わる以上に、被災地の学生と活動を共にしてもらいたいと思っています。

　作業は今年度中には、一次洗浄作業を終えて、次のフェーズに移行します。博物館が通常のコレクションを管理するような目録・台帳と写真撮影に入ります。ただこのとき、バラバラになった資料をどこまでまとめるか、どこまで修復・接合するかといった課題があります。また、収蔵場所も現地よりはましですが、もとより文化財を置くための場所ではない空間に保管していますので、なかなか状況の安定化は難しいです。幸い冬に入りますから、カビや虫害は最小限になるでしょうけども、来年の梅雨までには保管場所の環境に何らかの手立てを考える必要があります。あとは、被災資料にどれだけ資料的な意味を付与できるかです。被災文化財は、資料が収集された当時の記録や情報がなくなっていますから、一旦その価値がリセットされたととらえています。ここからこの資料にどのような価値を見出せるか、どのような意味を付与できるかが、せっかくレスキューした資料を今後に残していく上で最も重要なことです。レスキューはハード面での対応ですから、ソフト面での対応をするために、移動博物館やワークショップ、現地の文化財担当者や学校教員などと連携しながら、被災文化財から立ち上がる新たな価値を創造していければと思います。大学博物館は、公立の地域博物館と違ってフィールドはあらかじめ博物館が所在する地域に限定されていません。言ってみれば課題を見出せる場所にコミットメントし、そこがフィールドとなるのかもしれません。今回の活動は、大学博物館の可能性を広げるための実践であるととらえており、文化財レスキューを研究として取り組む意義がそこにあるように思います。ご清聴ありがとうございました。

報告6

東日本大震災と歴史資料保護活動

―福島県の現状と課題―

本間　宏

福島県歴史資料館に勤務している本間と申します。よろしくお願いいたします。スライドのほうに福島県歴史資料館指定管理者というふうに書かせていただいておりますが、歴史資料館というのは福島県文化センターという施設の一部でございます。公募による指定管理者ということで、福島県文化センター全体を、私どもの福島県文化振興事業団が管理・運営させていただいております。

実は、去年の十一月に「ふくしま歴史資料保存ネットワーク（略称：ふくしま史料ネット）」というものを発足させるため、私どもの事業団が関係機関に呼びかけを行いました。そして、福島県史学会、福島大学、福島県立博物館、私の所属する事業団の四機関の連名で、ネットワーク発足の呼びかけ文を発表いたしました。これは、万一の災害に備えた歴史資料保存組織を、市民ボランティアを巻き込んだ形で作ろうとしたものでした。福島県は広いので、県内全域にネットワーク登録者の網をかぶせ、市町村の職員もネットワークの中に入るよう呼びかけながら、二年ぐらいかけて悉皆的な現状調査を行い、県内全域を網羅するようなデータを蓄積しようと考えておりました。災害がなくても、すでに過疎とか限界集落とかという問題があって、代替わりのたびに歴史資料は失われていくだろうという危機感がありました。

そのためには、一刻も早く新しい連携体制を作らなくてはならないだろうと考え、このネットワークを発足させたのですが、その三ヵ月半後に大震災が来てしまいました。

福島県の被害状況

まず、被災の概況についてお話ししたいと思います。若干の漏れがありますが、福島県の震度五強以上のところを図にしてみました（図1）。このうち、震度六強というところが四ブロックございます。

そのうちのひとつ、相馬《そうま》郡新地《しんち》町の状況です（図2）。カメラを構えるのも躊躇するような、本当に唖然《あぜん》とする光景です。製鉄史の研究をされていた故寺島文隆さんのご実家もここにあったのですが、全く跡形もなく失われてしまいました。この近くで製鉄遺跡の調査をしていた際、私たちが常宿としていた民宿も流されてしまいました。多くの方が犠牲になり、今もなお行方不明の方がいらっしゃいます。新地駅の近くに「観海堂」という明治期の小学校校舎が県指定史跡として保存されていたのですが、これも礎石のみを残して流されてしまいました。

同じく震度六強に見舞われた伊達《だて》郡国見《くにみ》町の個人のお宅です（図3）。国見町の被害はかなり甚大で、多くの住家が全壊または半壊の指定を受けています。この写真は、傾いてしまった土蔵にある個人蔵史料を救出するため、福島大学の菊地芳朗さん（考古学）が中に入ろうとしているところです。このとおり危険な状態なのですが、土蔵の二階にも史料があります。このため、傾いている側には体重の軽い人間が入り込み、私のように体重が重い人間は反対側でバランスをとりながら史料を受け取るという作業でした。この国見町は、役場庁舎自体が被災して使用できな

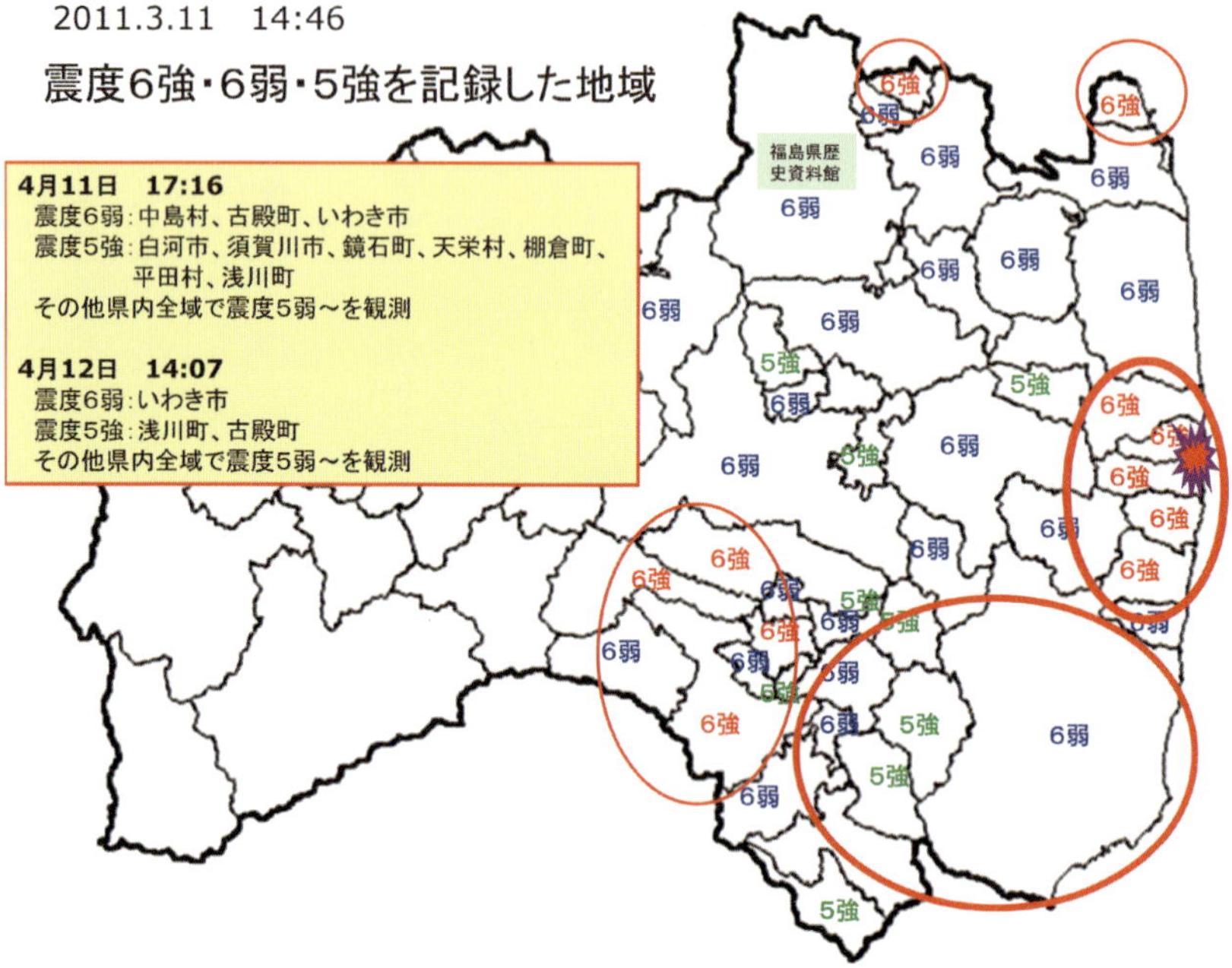

図 1　震度 6 今日・6 弱・5 強を記録した地域
（2011.3.11 14：46）

図 2　福島県相馬郡新地町の津波被災状況

くなったのですが、町教育委員会のご尽力によって個人蔵史料の救出が実現し、ふくしま歴史資料保存ネットワークがそのお手伝いをさせていただいております。また、町教育委員会の呼び掛けによりまして、国見町郷土史研究会や国見町文化財ボランティアの方々による史料クリーニングも実施されています。

須賀川《すかがわ》市から白河市にかけての一帯も震度六強という強い揺れに見舞われました。これは、須賀川市の文化財収蔵庫です（図４）。三月十一日の地震によって近くのダムが決壊し、これに伴う土石流が下流域を襲いました。地震直後のことでしたので、津波到達時刻のような予想もできないまま、あっという間に民家が流されて八人の方が犠牲になっています。文化財収蔵庫は、プレハブ二棟と鉄筋建て一棟の計三棟でしたが、プレハブ二棟は流され、鉄筋の一棟だけがかろうじて残りました。この中に入って、私どもも泥だらけの考古資料の搬出作業を行いました。中からは、上流の民家から流されてきた子どもの靴、毛布、アルバムなども出てまいりました。

東京電力福島第一原子力発電所がある双葉郡も震度六強の揺れが観測されています。ご承知の通り、福島第一原発は、三月十二日、十四日、十五日と相次いで爆発を起こしております。

それから、いわき市周辺の一帯は、最大震度が六弱なのですけれども、四月十一日と十二日にも震度六弱の余震に見舞われたため、被害が拡大しております。この地域は、福島県では最も長く断水が続きました。

図 3　個人土蔵からの資料救出
（2011.4.28 福島県伊達郡国見町）

図4　土石流で被災した文化財収蔵庫
（福島県須賀川市）

原発事故にともなう避難者の増大

さて、福島県の場合は、原発事故の影響が深刻なため、いまだ復興を考えられる状態にはないというのが現実です。この図におきまして太い実線の円で囲んだ範囲が、第一原発から半径二〇キロの警戒区域と呼ばれるところです（図5）。住民は、三月十二日にはバスに乗せられたりしながら、ここを退去しています。もちろん電気なども通じないので、実際何がどうなっているのか分からないまま、とにかく退去させられました。

私の上司のお母様が原発近くにある老人介護施設から緊急避難させられています。どこに避難したのか、あるいは無事なのかどうかがわかるまで一週間以上かかりました。警戒区域が指定される前に、上司が二〇キロ圏内に入ったのですが、老人介護施設の玄関前には、車椅子がズラリと並んでいたそうです。要するに車椅子で入所者を玄関前まで運び、大急ぎでバスに乗せて避難させたということです。本当に着の身着のままの状況が、一ヵ月を経過した後でも、そのままになっていたということでした。

三月中は、鉄道も動かない、ガソリンも手に入らないという状況でしたので、私たちは身動きが取れないというのが正直なところでした。しかし、実はその間に燃料を満タンにした車が首都圏以西から入ってきて、この辺りのコンビニのATMなどは軒並み破壊されております。あまり報道されておりませんが、自営業者の金庫が盗まれたり、未確認情報ですが、個人所有の歴史遺産も被害にあっているというお話を耳にします。

原発が三月十二日に爆発したときはそれほどでもなかったのですが、三月十五日以降、南東からの風が吹き、北西方向に放射性物質が飛散しました。二〇キロ圏の外側についても計画的避難区域が設定され、飯舘《いいたて》村については全村避難という形がとられています。

丸いマークのところは特定避難勧奨地点で、世帯ごとに避難を勧められています。年間の累積放射線量が二〇ミリシーベルトを超えると判断されたところに、そういう指定がなされております。変な話ですが、五世帯ある集落のうち一世帯だけが勧奨地点に当たるなどというケースも出てきているようです。

私どものいる福島市も、チェルノブイリの時の避難基準にしたがうなら、すでに避難していなければならないぐらいの放射性物質が降下しております。

一昨日（七月二十八日）時点での発表によれば、現在の避難者の数は七万四〇〇〇人程度ですけれども、うち県外に避難されている方が四万六二九五人です。この県外避難者の人数は、六月のデータに比べると一万人以上増えております（図6）。

今回の災害では、全国のたくさんの方々からご支援をいただいております。また、避難している福島県民を全国の方々が迎え入れ、親切にしてくださっているということに、心から御礼を申し上げたいと思います。

ただ、この県外避難者の数は尋常ではありません。放射線に関する様々な情報を市民自身が把

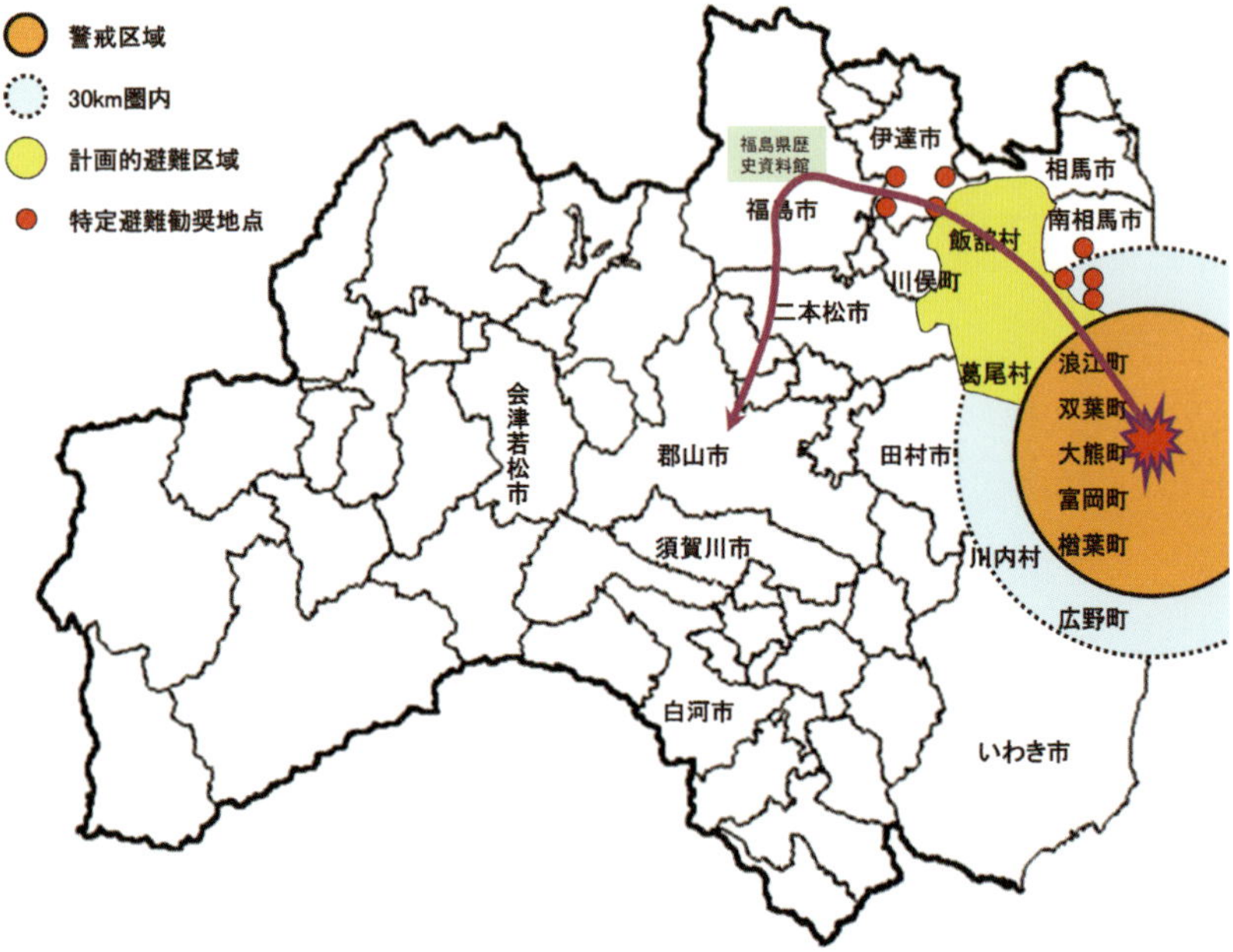

図 5　原発事故による警戒区域と計画的避難区域

図 6　福島県内の被害状況及び避難の状況

※福島県災害対策本部発表（2011年7月28日現在）

避難の状況（避難指示、勧告及び自主避難）

計 **73,925** 人（6月末に対して**9,417**人の減）
（富岡町14,280人、南相馬市13,871人、浪江町10,388人ほか）

【参考】避難所入所者数(県内は7月27日調べ、県外は7月14日調べ)
・県内　13,389　人
（一次避難【避難所】1,965人　二次避難【旅館・ホテル等】11,424人）
・県外　**46,295**　人（6月に対して**10,403**人の増）

被害の状況

（1）人的被害
・死　者1,778人
（南相馬市605人、相馬市453人、いわき市308人、浪江町141人、新地町104人ほか）
・行方不明者　183人
（南相馬市68人、浪江町43人、いわき市40人ほか）
（2）住家被害
・全　壊　16,691　棟　2,478 世帯
・半　壊　37,734 棟　4,704 世帯
・一部破損　113,568 棟　12,596 世帯
（3）非 住 家
・公共建物　1,019 棟　その他15,817 棟

握できるようになり、行政への不信感が増幅してパニックになりつつある事を示す数字なのではないかと思います。最近は、子どもの健康を心配するお母さんたちが、この夏休みの時期に県外避難の決断を下しているケースがかなりあるようです。

人的被害については、亡くなった方が一七七八人、行方不明の方が一八三人です。この数字はトータルとしてはあまり変化がなく、行方不明の方の数が減って、死亡が確認された方の数が増えているという状況です。住家の被害件数については、日に日に増えております。これは、ようやく原発周辺地帯の建物調査に着手されたからだろうと思います。

福島県歴史資料館の状況

さて、この写真は、私の勤務する歴史資料館の文書庫の状況です（図7）。地震の翌日、三月十二日に撮影したものです。電気・電話・携帯電話・ガス・水道も断たれ、呆然としつつも懐中電灯で中を照らしながら撮影した写真です。

これは、歴史資料館から文化会館を眺めた三月十二日撮影の写真です（図8）。この文化会館は、六年前に日本考古学協会の全国大会会場になり、一昨年は全史料協の全国大会会場となりました。昨年は神戸大の奥村弘先生をお呼びして、ふくしま史料ネットの発足集会を行ったのですが、その部屋がこんなふうになってしまいました。また、この上にある三階展示室では、天井が大規模に落下しております。文化会館には大ホールや小ホールなどもあるのですが、大ホールの天井は無惨に落下しております。地震が発生したのは、たまたま金曜日でしたが、翌日の土曜日には千人以上のお客様が入場するイベントが組まれていました。もしも翌日の午後二時四六分に地震が起きていたらと考えると背筋が寒くなります。不幸中の幸いですが、三月十一日は、職員・来館

図 7
福島県歴史資料館文書庫の状況
（2011.3.12 撮影）

図 8　ふくしま史料ネット発足記念講演会を開催した福島県文化センター 2 階会議室の被災状況

者ともに無事でした。また、歴史資料館の収蔵史料は無事で、五月上旬までに暫定的な復旧作業を終えることができました。五月九日からは再開館させることができております。

文化財救出の現状

次に、福島県における文化財レスキューの状況についてお話しさせていただきます。去年の十一月に、民・学・官の連携によるネットワークの基礎を作りましたが、次のステップに踏み込む準備をしていたら、いきなり地震に襲われてしまいました。ただ、福島の場合は、いわき市にある「アクアマリンふくしま」という海洋科学館が津波被害に見舞われたほかは、他の博物館・図書館・役場などが津波に遭遇していないので、岩手・宮城のように膨大な水損資料が生じるという事態には至っていない状況です。

四月以降、私どもの事業団は、指定管理者独自の対応として、このボランティア組織を支援しながら救出活動をコーディネートする側に回りました。そして、ボランティア組織としての「ふくしま史料ネット」は、事務局を福島大学の阿部浩一先生の研究室に開設しました。福島県立博物館は、歴史資料に限らず、考古・歴史・民俗・美術工芸・自然史の五つの分野からそれぞれスタッフを出して、レスキューチームを作りました（図9）。

これまでに調査・救出の対象となった件数は二六件です（図10）。被害の大きかった地域を中心に、調査・救出を行ってきております。資料の搬入先は、とりあえず県立博物館と県歴史資料館でなんとか対応している状況ですが、いまだに行き場のないものがあったり、市町村で対応してくれているケースもあります。警戒区域内の資料が二件ほど県立博物館に搬入されていますが、これは警戒区域に入り込んで物を動かしたのではなく、この区域に一時帰宅された方が持ち出されたものを保護したという状況です。

　施設の損壊に伴うものや津波の被害によるもの、あるいは資料そのものが壊れてしまって保全措置を講じなければならなくなったもののほかに、所有者の避難によって管理ができなくなったために保護したものというのが全体の四分の一を占めています。飯舘村の資料はその一例です。

　放射線量の高い飯舘村には、政府指示により全村避難の措置が講じられました。警戒区域とは違って、村内に入れないわけではないので、村の文化財保護審議会の方と相談しまして組織的にボランティアを集め、村内の古文書と考古資料を、とりあえず福島市に動かしております。

　これは先ほどご紹介した、土石流で被災した須賀川市の収蔵庫です（図11）。この写真はかなり片付いてから撮影したもので、ここにたどり着くまでには、地元教育委員会の臨時職員の方が、それこそ瓦礫撤去と同じように、まず搬出経路を作る作業から始めております。真ん中に写っているのは、福島大学の中世史の阿部浩一先生です。自衛隊と同じように、まずは泥かきから始めていますが、この泥にも土器や石器がいっぱい入っていて、最終的にこれも発掘しています。

　これは、土石流で床がえぐられて、その下に棚が落ちているところから資料を救出している写真です（図12）。足場がないに等しいところに入って、泥をかぶっている資料を助け出しています。

　これは、津波によって浸水したお宅の資料を救出している風景です（図13）。文化庁を通じて所有者の方から依頼を受け、ゴールデンウィーク中に緊急対応しました。お休みにもかかわらず、いわき市の歴史研究者や、いわき市教育文化事業団の方が個人的にご協力くださり、地元の町づくり協議会の人にも声をかけてくれて、たくさんボランティアの方が集まってくれました。水損資料については、とりあえずこうした応急処置をしておりますが（図14）、美術品などのように脱塩が難しいもの（図15）については対応に苦慮しております。

福島県史学会・福島大学・福島県立博物館・福島県文化振興事業団という民・学・官の呼びかけにより、平成22年11月にボランティア組織としての「ふくしま史料ネット」が発足。

市町村などと連携しながら、趣旨の周知と現状調査を進めようとしていた矢先の平成23年3月11日に、震災に見舞われた。

水族館は甚大な被害に見舞われたが、博物館・図書館・役場等が津波被害に遭った事例はない。

現在は、ボランティア団体としての事務局を福島大学行政政策学類に開設し、情報集約・事前調査・ボランティアコーディネート・行政対応などを福島県文化振興事業団が支援している。

5月以降の緊急出動には、福島県立博物館と福島県文化振興事業団が手当たり次第に対応している。

図9

図10　これまでの歴史資料調査・救出対象地

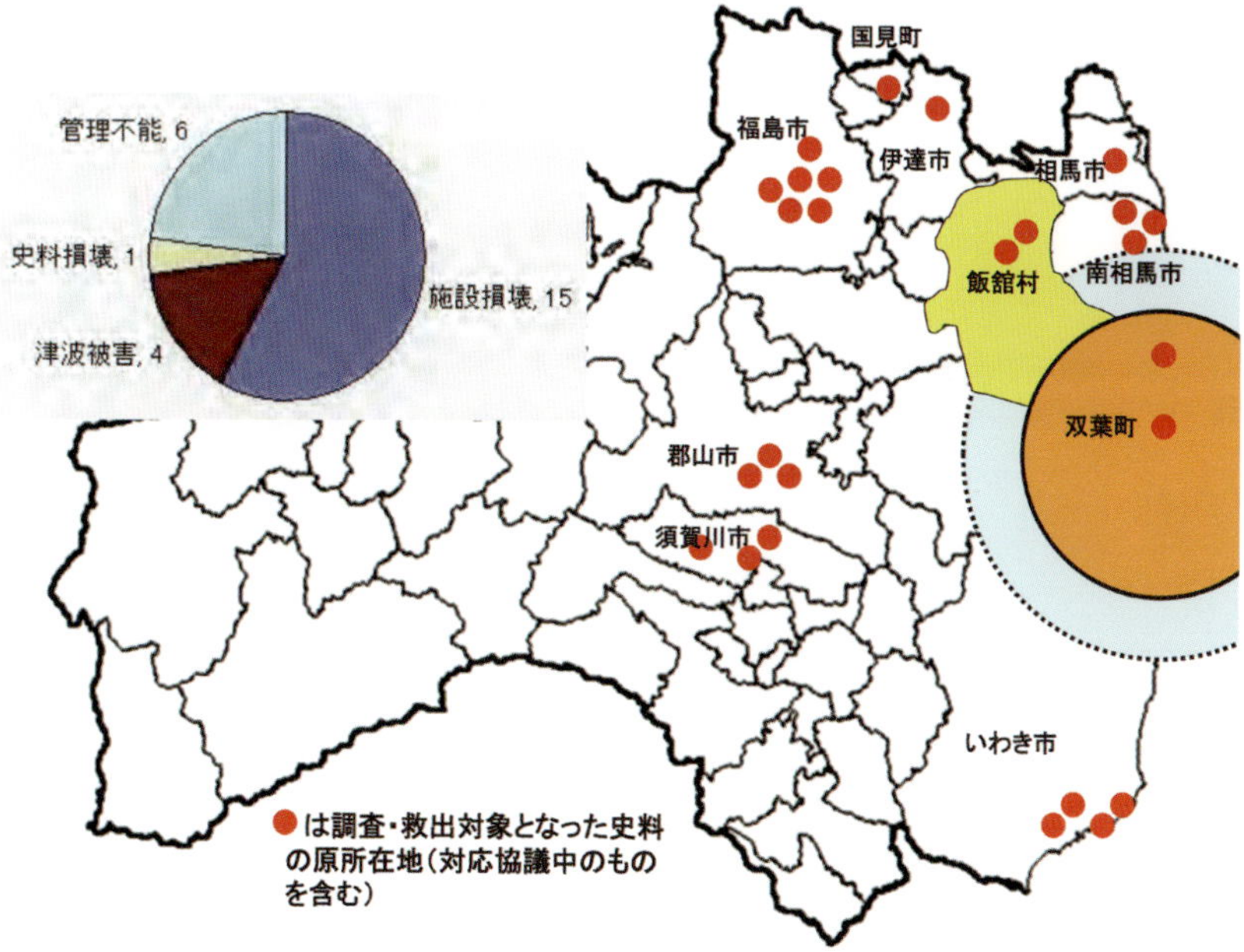

図 11　土石流で被災した文化財収蔵庫のレスキュー風景
（2011.4.21 福島県須賀川市）

図 12　泥まみれの出土品を運び出すボランティア（2011.5.14 福島県須賀川市）

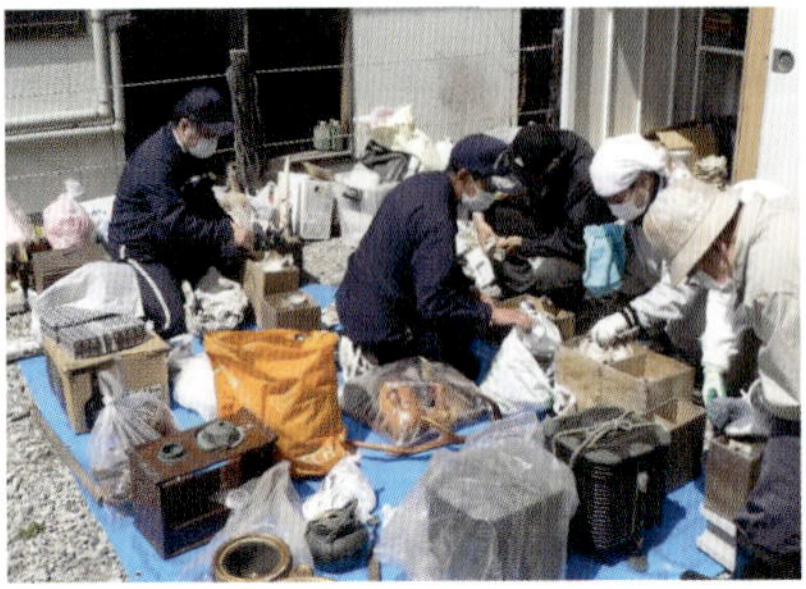

図 13　津波被災地における歴史資料救出活動（2011.5.8 福島県いわき市）

図 14　水損史料の応急処置

図 15　水損史料の数々

これもゴールデンウィーク中に、県立博物館で史料クリーニングを行ったときの写真です（図16）。このときは全国からボランティアの方が来てくださいました。

これは飯舘村の古文書を一括して避難させたときの様子です（図17）。また、これは飯舘村の公民館にあった考古資料を搬出している風景です（図18）。

原発事故と文化財

岩手、宮城の文化財の状況は、かなりマスコミでも報告されるのですけれども、歴史学をされている方、あるいは保存科学をされている方たちから「福島はいったい何をやっているのだ」というお叱りを受けたりしています。

たしかに初動が遅れました。その理由は悉皆的な現状データがなく、ボランティア的なネットワークも未熟なままであったという点ですね。あとは文化庁の「文化財レスキュー事業」に過度な期待を寄せてしまったことです。これは文化庁批判ではないですよ。ものすごく画期的な事業だと思うのですけれども、この事業が出されたことによって、私たちはこれに乗っかっていけばいいだろうと思ったのです。ところが、福島県は県庁までが被災してしまったため、現実はそうは進みませんでした。文化財の担当課は、緊急避難的に執務室を移動している状況で、とても「文化財レスキュー事業」を受け入れられる状況ではありませんでした。

さらに、やはり一番大きいのは原発事故への対応でした。原発事故の問題が収束しないと何も進めないという空気が福島を支配してしまいました。はっきり言って、文化財や歴史資料どころではないという雰囲気でした。

私自身も、「いま歴史資料の救出なんかをやっていていいのか」という葛藤と、常に闘いながが

図 16　福島県いわき市から救出した史料の整理風景（2011.5.8　福島県立博物館）

図 17
計画的避難区域からの
史料救出

らやってきました。子どもを逃がさなくてよかったのだろうか、と今でも悩みます。本当にこれをやっていていいのだろうか。もっとやらなくてはいけない事があったのではないかという気持ちはあります。

でも、ここまでやってきて、いま私が福島から逃げだしたら、みんなに何を言われるか分かりません。なので、これからもがんばろうと。初動が遅れたので、実際には瓦礫とともに捨てられてしまった歴史資料がかなりあると思います。実は、「あれを助けられなかった」と悔やむような事例もあるのですが、先ほどの菅野さんの報告で「何を助け出せたかを考えましょう」と言っていただいて、だいぶ気持ちが楽になりました。

原発周辺では、文化財の管理ができない状況にあります。これが今一番の問題です。実際に警戒区域内に入るとなると、防護服を着て、建物の扉を開けるたびに手袋を一枚ずつ重ねていくんですね。そして、収蔵庫にたどり着いたときにはもはや指先が利かない状態になってしまうそうです。現在警戒区域に入るにはそれぐらいの覚悟が必要なため、資料の持ち出しなどは容易ではないんですね。建物にひびが入って雨漏りしていて、事務室はかびだらけで、非常に悪臭が漂うというような資料館もあるそうです。

県は、指定文化財の保護という点にかなりこだわっていたのですけれども、原発周辺市町村の学芸員にとっては、町民からの寄託資料に責任を持てない事の方が頭が痛いの

図 18　計画的避難区域からの考古資料救出

です。資料を寄託した町民はみんな避難しています。町が責任をもって管理できなくなったからと言って、まさか狭い仮設住宅や避難所などに「お宅から預かった資料をお返しします」と持っていくわけにもいきません。いまだに双葉《ふたば》町などは電気も通じていません。空調も失われた環境の資料館に寄託資料を本当に置いたままでいいのか。でも、今は手出しができない。何もできない……。

これはもう行政判断を待つしかありません。先日、文化庁と東京文化財研究所（東文研）を交えた連絡調整会議がありましたが、放射能汚染された資料の扱いについては、今のところまだ何とも言えないというお話でした。実際に、飯舘村の資料もスクリーニングを経てから福島市に運んでいます。放射性物質が付着していることによる資料への影響と、それに触れる、あるいはそれを見る人への影響を考えると、一概に簡単には救出できないわけです。ただ、建物の中にあるもの、あるいはケースの中にあるものは、線量計の針は振れないという事だけは分かってきました。逆に自分の靴の裏などを計測すると、針が振れます。

地域史料の保護と地域再生への望み

ちょっと過激な言い方ですが、福島で生活することは許されるのか、と思うことがあります。いま福島県の人口はおそらく二〇〇万人を切ったと思います。それでも福島を再生させなければという思いがあるし、福島が再生するという前提で私は地域史料の保護活動を進めています。しかし、福島で生産活動をしている人たちに悪気があるわけではないのに、例のセシウム牛の問題などが起こったりすると、福島で人間が生活することが、全国に迷惑をかけることにならないのだろうか、と思わないわけにはいきません。

今年の福島の桃の実はものすごく美味しいです。でも「美味しいから食べて」と気楽には言えないんですね。今日もここに来るとき、歴博へのお土産に桃を持ってこようかと思いました。でも、私が福島の桃を渡すことを、相手がどのように受けとめるか、わからないではないですか。

地域史料を守るという活動は、その地域にとって大事だと思うから守ろうと思うのであって、文化財として価値があるからとか、珍しいからとか、そういう意識で私どもは活動していません。だから、その地域の財産としてこれからも残るという保証があればいいですけれども、いまは地域崩壊が一気に加速していて、その地域が残るかどうかもわからないわけです。

膨大な人手を要して地域史料の保全措置を行うからには、その地域が再生するという希望が少しでもあれば続けていけますが、その希望が持てるかというと、何の確証もありません。これが今、やっていて非常につらいし、誰がその答えを出せるのか、どうすれば地域を再生させることができるのか、出口が見えない所にいるもどかしさを感じます。

よく学界の関係者に「福島でお手伝いできることがあったら言ってください」と言われます。資料の修復を手伝ってほしいとか、お願いしたい細かなことはたくさんあります。でも、そうではなくて、いま福島の人が一番求めているのは、これから福島で生きていっていいのかという問いへの答えだろうと思います。

最後に非常に暗くなる話をしてしまいましたが、このとおり、震災後そんなに痩せもせずにやってこれたのは、全国のいろいろな方に励ましをいただき、物資を送っていただいたおかげです。

今後は、できれば行政も入った枠組みの中で、対象を指定文化財とかに限らない組織的な取り組みが行われるようになっていけば、福島の文化遺産ももう少し残せていくのかな、と思っております。すみません、長くなりましたが、ご静聴ありがとうございました。

報告7

民家からの民具・生活用具の救出活動
―宮城県気仙沼市小々汐地区―

小池淳一
葉山　茂

一　瓦礫から生活を掘り出す

はじめに―尾形家の被災状況と歴博のかかわり

二〇一一年三月十一日の地震とそれに続く津波は、三陸沿岸地域に多大の被害をもたらしました。気仙沼市小々汐《こごしお》地区の尾形家住宅（写真1、写真2）も津波におそわれ、建物の大部分は流され、崩壊しました。僅かに母屋の茅葺き屋根の部分だけが、百数十メートル移動して集落と港とのあいだで傾いた電信柱と集落の集会所に押しとどめられるかたちで流出を免れたのです（写真3、写真4、写真5）。石倉そのほかの屋敷地内の建物は跡形もなくなってしまいました。

小々汐集落はこの尾形家を中心に入り江に面するかたちで形成された約五〇戸からなる集落です。尾形家はオーイ（大家の意かと考えられます。東北地方に多い同族団の中心すなわち、大本家にあたります）と呼ばれ、近世期にはこの地域の網元であり、家屋自体は文化七年（一八一〇）の建築によるものであったことがこの家に伝来する『御手伝帳』によって明らかでした。海岸部でこ

写真1
被災前の尾形家住宅
（母屋）

写真2
被災前の尾形家住宅

れだけの年数を経た木造家屋が残っていることは珍しく、さらにこの家屋はご当主の尾形健氏ご一家が被災当時まで、実際の生活を営んでいた、いわば現役の住宅であったことがその価値を一層高いものにしていました。

国立歴史民俗博物館（以下、歴博と略記）では、二〇一三年三月にオープンする予定で民俗展示の新構築（リニューアル）作業に取り組んでおり、そのなかで、尾形家住宅を取り上げる計画を立てて準備を進め、民俗調査を数年前から開始していました。具体的には正月および盆行事を通した家屋内のカミ・ホトケ、いわゆる民俗的な祭祀の位相を中心とした展示を計画していたのです。この点については尾形家の方々の深いご理解と集落の方々のご協力とによって順調に調査が進展しており、二〇一一年四月からはさらに徹底した調査と展示に向けての資料収集をおこなう予定でした。三月十一日の震災は、こうした尾形家と歴博との絆をも一気に押し流してしまったかに思われたのです。

二〇一一年三月に歴博では民俗展示の新構築に関する会議が開かれ、甚大な被害を被ったであろう尾形家救援に関する議論がはじまりました。その時点では、まだ具体的な被災状況は不明で、隣接する気仙沼市鹿折《ししおり》地区で発生した火災のことを考慮すると尾形家住宅も焼失した可能性も指摘されました。やがて尾形家と歴博との関係を仲立ちしてくださり、歴博民俗展示の委員も務められている川島秀一氏（リアス・アーク美術館副館長）のご無事が確認され、さらに尾形家の皆さんのご無事も確認できたことができたのは三月下旬でした。またインターネットによる衛星写真で、小々汐地区の様子を大まかながらも知ることができ、尾形家住宅の二年ほど前に全面的に葺き替えたばかりの大きな茅葺《かやぶき》屋根を確認することがかないました。ただしそれは上空からの平面的な情報で、建物が具体的にどういったかたちになっているかはよく分かりませんでした。こう

写真 3　かろうじて流出を免れた尾形家住宅の遠景。手前は集会所

写真 5　4 月 24 日集会所、電信柱が撤去された

写真 4　反対側からみた尾形家の屋根（4 月 23 日）

した情報を受けて、歴博から山田慎也、松田睦彦と小池淳一が気仙沼に赴き、今後の活動を考えることになりました。

四月四日に三人は那須塩原まで新幹線で行き—この時点で東北新幹線は那須塩原止まりでした—そこからレンタカーで気仙沼に向かいました。東北自動車道は開通しており、一関から一般道に下りて、午後遅くには気仙沼に着くことができました。そこでまず、気仙沼港の状況を確認したあと（写真6、写真7）、気仙沼市の山間部である赤岩に所在するリアス・アーク美術館に赴き、

写真6　4月4日の気仙沼港。焼け壊れた船

写真7　4月4日の気仙沼港。陸に乗り上げた漁船

美術館の被災状況と文化財関連のレスキュー活動についての説明を受けたのです。翌日は小々汐集落に向かい、尾形健さん、民子さんご夫妻から震災当日の状況をうかがい、小々汐地区の皆さんが、地震と津波に際してどのような行動をとられたのかを直接うかがうことができました。

被災後、一月もたたないうちに実施したこうした調査により、ボランティアではなく、歴博の業務としてこの地区の民具や生活用具を救う必要性、さらにそれをも織り込んだ展示計画の修正の可能性が見えてきました。以下、本稿では、歴博が地域の一つの古民家―とはいえ、三月十一日まで現役の生活空間でもあったことは先述した通りです―を軸にレスキューを実施したことについて、その組織や体制、さらに一連の活動のなかで築いてきた試行錯誤の過程や連絡網、活動に使ってきた諸用具について述べてみたいと思います。

文化財を救う活動は文化庁と東京文化財研究所が中心に組織した文化財レスキューという枠組みを中心に行われています。文化財レスキューはおもに被災地域の博物館や資料館の資料を救出することを目的としていました。歴博の活動は文化財レスキューといっても博物館や資料館を対象とするものを補完しながら、直接生活の現場をも対象とすることを目指しました。なお活動にあたって財団法人ＪＫＡによる資金援助がいただけたことがその後の活動を続ける上で大きな助けとなりました。以下では歴博の活動を通して見えてきた課題についても記述して、未曾有の震災に対して生活文化をどのように復元していくのかについてのアイデアを登録してみたいと考えます。

1　歴博の文化財レスキューの体制

地元の美術館―とはいうものの民俗資料も多数収蔵し、展示スペースも設けられています―に勤務され、ご自身も直接に被災された川島秀一氏と四月の時点で話し合って、必要であろうと予想された文化財救済をめぐる手順は次のようなものでした。

まず、現段階では最低限の生活に必要な環境を整備するのに精一杯の状況であるが、遠からず、かつての生活を復元するため、地域の歴史資料を回収、整理する必要が出てくるであろうこと。それには思い切って、小々汐地区、とりわけ大本家で、従来の史資料調査の蓄積があり、信頼関係が構築できている尾形健さんの家を軸に文化財救出作業をおこない、そこで得られた知見を順次、発信して周囲に広げていってはどうだろうか。幸いにリアス・アーク美術館の損害は比較的小さく、レスキュー活動の拠点として機能を果たすことは可能であると思われました。

広い被災地域のなかでも一つの集落、それも一軒の家屋に初動の作業を集中することについては異論もあるかもしれないと考えましたが、逆に被災以前から信頼関係が築かれており、貴重な文化財が散乱し放置せざるを得ない状況であることが確認できている事実を無視できないと思われました。また博物館や資料館に既に収蔵されて、登録台帳などが整えられているものと比して、小々汐の尾形家という丸ごとの被災文化財群が提起する問題は決して小さくはない、という見通しもありました。

こうした大規模災害に際して「お手本」や「正解」といえるような方策が存在しているわけではありません。それよりもふだんからの社会的学問的な蓄積に基づいて精一杯、直面する課題に取り組み、その過程と結果とを広く社会に発信し、助言や批判、あるいは要望を寄せてもらうことによって支援のネットワークを広げ、我々のレスキュー活動も柔軟に再編を繰り返すべきだろう、というのが当初の認識でした。

そしてまず、とりかかったのは情報の収集です。

実際に気仙沼の被災状況を確認するとともに、広く東北の各地の被災状況、とりわけ文化財に関する救援、救出作業の状況を把握する必要がありました。岩手県、宮城県、福島県といった県ごとに担当者を決め、共同研究や展示新構築の実施過程で築いてきた人脈をもとに情報収集を行いました。また茨城県には歴博の柴崎茂光が直接、足を運び、県北の被害状況を確かめるとともに地元の博物館関係者から情報を集めました。

これによって、被災地における文化財の救出を支援するための情報を収集、統合、整理し、支援の重複を最小限にとどめ、逆に支援態勢が手薄なところはないか、を考えることにしました。しかしながら実際には各地の自治体における文化財関連の職にある方々がかなり迅速に活動を開始し、歴博としては以下に述べるような知識を蓄え、活動の準備をするにとどまりました。それでもこうした情報収集はその後にレスキューが長期化し、広域化していくなかで、多くの実践的な知識や技法を学び、有用な道具や資材に関する情報を入手するのに大変に役立ったと考えています。

次に、被災した文化財の救出方法について、その知見と技術を速習する必要もありました。この点については館蔵資料のコンディション調査で歴博と交流がある奈良県の元興寺文化財研究所へ緊急に依頼しました。四月のうちに僅か半日ですが、民俗資料修復を担当されている部署を訪ね、実際の作業を見学するとともに、必要な用具や材質によって異なる救出後の処置や保存の際の留意点をごく大まかに学びました。ここでご教示を受け、早速支援に用いた知識と技術、さらに用具等については後述します。

歴博は博物館ではありますが、周知のように研究部では研究を日常的な業務として遂行しており、必ずしも物質文化、民具等の補修の専門家が複数勤務しているわけではありません。地域の博物館や資料館での資料に基づいた業務といささか条件は異なるのです。それでも民俗研究に携わる者が、その延長として生活用具の救出に関する知見を得ることが必要だし、一定の有効性を持つであろうと考えて、このようにしたのです。

さらに、歴博として震災支援の組織も立ち上げることとなりました。具体的には東日本大震災被災文化財等救援対策室（室長・久留島浩副館長）を設置するとともに、機関研究員の葉山茂が復興支援に関わり、後から研究支援推進員として加藤秀雄も加わって、気仙沼における文化財救出に歴博として組織的に参加することとしました。本稿で報告する活動はこうした全館的な取り組みの過程で得られた知見であり、経験を整理したものです。

もちろん地元の気仙沼市教育委員会や川島秀一氏をはじめとするリアス・アーク美術館の方々との連携の上でこうした事業がおこなわれたことはいうまでもありません。特に長年、三陸沿岸各地でフィールドワークをされてきた川島氏の的確な指示とアドバイスなしには効果的な活動は不可能だったといって良いでしょう。被災地の住民の方々との絆だけではなく、当該地域の研究者との長年にわたる日常的な連携の蓄積がこのような非日常の状況のなかで有効に機能し、力を発揮したのだということを改めて確認し、強調しておきたいと思います。

2　民家から生活用具を救う意義―瓦礫から「生活」を救出する

歴博の気仙沼市小々汐地区における民具や生活用具の救出活動は、こうした試行錯誤をくり返しながら、進めてきたものです。その過程をホームページ上でも発信し、各地で同じような作業に従事されている方々と連携し、あるいはそうした方々の参考になるようにすることにも留意しました。この点についての効果を簡単に云々することはできませんが、ともすれば個別的で被災地からの一方的な情報流通を相対化し、文化財レスキューの具体的な内容と実状とを伝えていく手段にはなったと考えています。

先にも述べたように、歴博の取り組みの最大の特徴は、被災地の一般民家の生活用具や民具を直接レスキューするという点にあります。そこには資料の登録台帳などはもちろんありませんし、ひとつひとつの品物が、民俗学や歴史学の上でどのような意味や価値を持つのか、について厳密な検討を加える余裕は全くありません。頼りになるのは最初に述べたように、尾形家で連綿と続けられてきた行事の聞き書きやそれらを撮影した写真、そしてご家族との信頼関係です。

それは被災という圧倒的な負の状況のなかで、生活や文化に関するさまざまなモノをどのように救い出すか、そしてそうした作業の過程で得られる認識や知識、発見や思惟を手がかりに、マイナスをプラスに転化しうるような視点の模索でもありました。一気に瓦礫の山と化してしまった小々汐集落、そして尾形家住宅を、「生活」の連続性を信じて、一個一個のモノから再構成しようとする試みであったとも言えるでしょう。

もちろん、それはこうした抽象的なレベルの問題ではなく、具体的にかつて尾形家住宅のなかに存在していて、被災後の今もどこかに津波の被害を受け、かたちを変えながらも存在している筈のいくつかのモノの発見という作業目的につながっていました。それはまず、尾形家の台所（土間）、ナカマ、オカミといった屋内の労働、接客、仏壇等を含む屋内神祭祀の空間とそれに直接関連する用具の数々でした（写真8、写真9、写真10、写真11、写真12、写真13）。またかつて常民文化研究所が調査し、数十年を経て返却した漁業関連の古文書群―この調査と古文書返却の経緯については網野善彦『古文書返却の旅』（一九九九年）の第八章「陸前への旅―気仙沼・唐桑」に記されていますーの行方も強く意識しました。さらにオーイ（大本家）ならでは集落の行事や儀

写真 8　尾形家で祀られていたオシラサマ（2011 年 1 月）

写真 9　尾形家で祀られていたオシラサマ（2011 年 1 月）

写真 10　尾形家の神棚（2010 年 12 月）

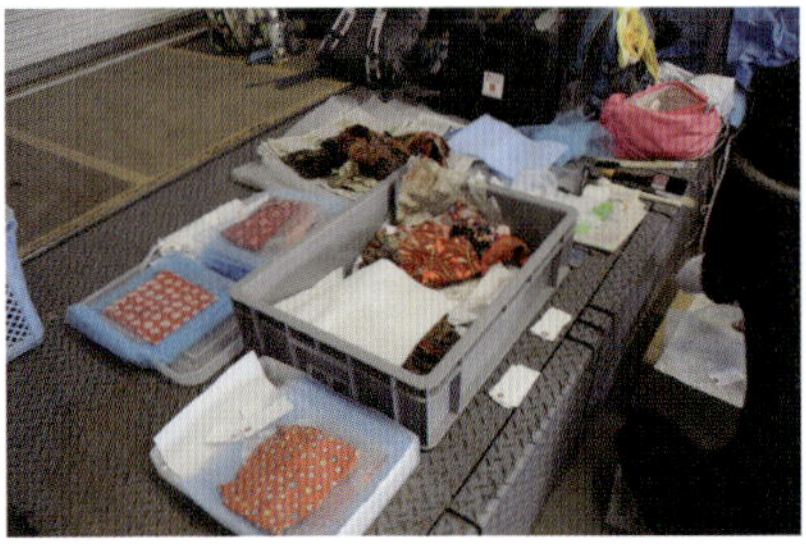

写真 11　レスキューされたオシラサマのクリーニング

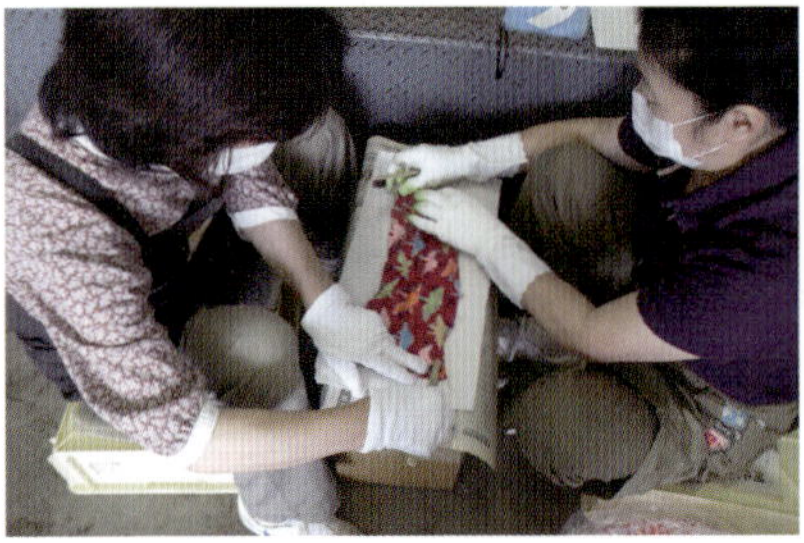

写真 12　気仙沼市教育委員会の方々によるオシラサマのクリーニング

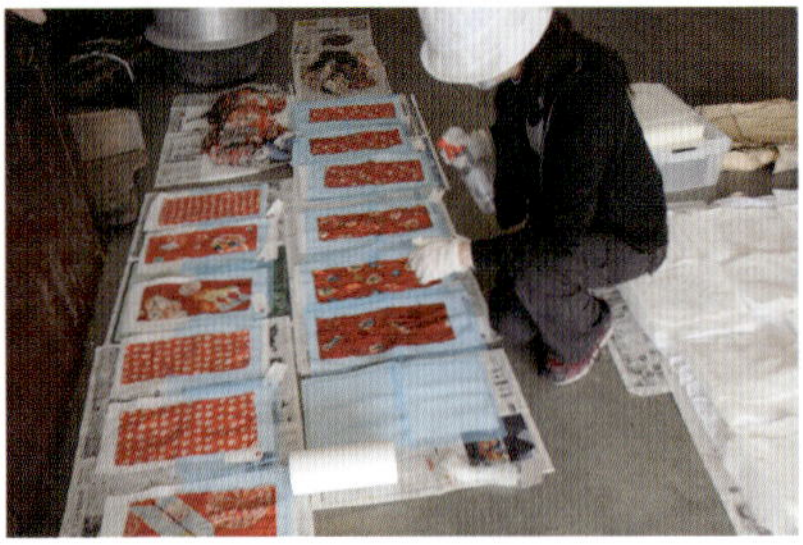

写真 13　クリーニングして乾燥しているオシラサマの布

礼に際して共同で用いるために用意されてきた大量の膳椀類、同族団の中核としての尾形家が日常的に使用してきた大人数用の生産・生活用具の数々などです（写真14）。

そこからさらに被災直後から注目された写真類や、かなりの数が発見され、なるべく回収保存するように心がけた手紙類などもレスキューの対象として徐々に浮上し、意識することになっていきました。そうした経緯と具体的に材質や形状が多様であるモノをどのように拾い上げ、クリーニングや修復の作業を施したかについては次節以降で詳しく述べてみたいと思います。

写真14 リアス・アーク美術館で整理、洗浄された生活用具

ここで確認しておきたいのは、こうした作業から見えてきたのは、丸ごとの可能性とでも呼べるような人間の生活文化の多様性と連続性であったということです。瓦礫を瓦礫とだけ認識し、直ちに廃棄するのではなく、そうした瓦礫の中から、かつてこの地域、この家屋を中心として営まれていた生活を想像し、意識しながらレスキュー作業をすることは、この稀有の震災が与えてくれた全く新しいフィールドワークでもありました。

それは震災直後、その圧倒的な破壊力に対して民俗学や歴史学が全く抵抗できなかったことにうちひしがれていた者にとって、「生活」の救出、復元という新しい目標を見出すことにもつながっていたと個人的には思います。もちろん、批判されるべき点は多々あるでしょう。しかし、何もしないのではなく、一軒の家、一つの地域に焦点をしぼって、瓦礫と対話し、「生活」とは何か、文化財とは何をさすのか、を考えることができたのは震災後いささかの時間が経って、一定のレスキューの成果を挙げることができた時点からの感想とはいえ、大変に重要な経験であったと考えています。

二 被災した民具・生活用具を救出する

前節で述べたように尾形家住宅は今回の津波によって流され、屋根を残して倒壊してしまいました。こうした状況から屋根は残っていても、家にあった紙類や調度品はすべて泥をかぶり、塩分を含んだ水、海水をかぶっていることが予測されました。

被災した家屋から民具や生活用具を救出するということは、単に現場に行ってそれを拾い集めてくればよいというものではありません。拾って集めたものはきれいに泥を落とす必要があります。泥を落とさないとカビの発生源になり得ますし、そのもの自体も材の劣化が進んで朽ちてしまう可能性があります。そしてなによりも博物館や保管場所に安定した状態で置いておくためには、クリーニングという作業をする必要があります。さらにどういうものを保管しているかを所有者の方と共有し、同時に管理にも役立てるために拾い集めたもののリストをつくる必要があります。

つまり被災した民具や生活用具を救出する作業では（1）被災した民具や生活用具を捜す、（2）集めた民具や生活用具をクリーニングする、（3）クリーニングした民具や生活用具のリストをつくるという三つの段階を経ることが必要であり、この三つの工程を経て仮の状態ながらやっと保管可能な状態にすることができます。以下では（1）「被災した民具・生活用具を捜す」工程、（2）「救出したものをクリーニングする」工程、（3）「民家の生活用具のリストをつくる」工程にわけて作業を見ていくことにしましょう。

1　被災した民具・生活用具を捜す

〔屋根の下に入る〕被災した尾形家住宅の民具、生活用具の捜索は屋根の下に入ることからはじまりました。まずは屋根の下に何か、生活の痕跡を物語るものが残っていないかを祈るような気持ちで底に鉄板の入った安全長靴、ヘルメット、マスクで身を固め、屋根の下に潜り込んだのは五月のゴールデンウィークの真っ只中、五月六日です（写真15）。歴博の小池、松田、葉山とリアス・アーク美術館の川島秀一副館長というメンバーに加え、同館学芸員の岡野志龍さんに応援にきていただきました。尾形家住宅は梁《はり》から下が失われており、屋根の中に入るときは梁の間にできた細い隙間から入りました。入って中を探してみると、何分も経たないうちに屋根の梁の下にふだんの生活で尾形さんのご家族が使っていた生活用具がたくさん潜り込んでいることに気づきました。あとからわかったことですが、尾形家住宅の屋根の下には一《メートル》から二《メートル》の高さで部屋のなかの生活用具が積み重

写真 15　被災後初めて、屋根の中に入る

写真 16　屋根の下から救出された文書とお札

写真 17　屋根の下から文書やお札を救出する

写真 18　屋根の隙間から仏壇を捜す

なっていました。

まず最初に見つかったのは大量の木のお札でした。海水に浸かって黒ずんではいましたが、傷みはわずかなものでした（写真16、写真17）。出てくるもの、出てくるもの、みな海水の腐ったような臭いを発してはいましたが、震災から二ヵ月が経ち日中の気温も次第に上がってきているにも関わらず、カビの発生はわずかでした。後々明らかになってきたのですが、今回の津波被害では海水をかぶった状態でおいて置かれたものは塩漬けのような状態になり、結果的に腐敗やカビの発生が押さえられていました。

木の札の次に見つかったのは大量の紙のお札でした。そしてお札の下からオシラサマに毎年一枚ずつかけている布が出てきました。その時点でよく見つけられたと喜んだのですが、そのあとすぐに黒い木箱に入った二体のオシラサマを見つけました。

屋根の中の状況が見えてくるようになると、どうも尾形家住宅は津波によって家全体が持ち上がり、そのまま一度、谷の奥まで動き、その後部屋の部分が壊れながら着地点に至り部屋のものを抱え込んだまま屋根がその上に覆いかぶさったことがわかりました。冷静になって見ると、部屋にあったものの多くが間取りどおりに並んでいました。その後も、屋根の下から続々と神棚やエビス像などが見つかりました。

翌日になるともっと見つけられるのではないかという希望がでてきて、仏壇を見つけようという話になりました（写真18）。屋根の内側と外側から、仏壇がどのへんにあるかを当たりをつけようということになり、外側から見ていったところ、積み重なった瓦礫の奥に仏壇の格子戸のようなものがみえました。そこでかなり無理をして内側と外側から瓦礫を取り除いてみたところ、上下逆さになり壊れてはいましたが、仏壇が出てきました。仏壇は狭い隙間から救出してリアス・

写真 19　屋根が取り払われた場所で民具・生活用具を捜す

写真 20　屋根が取り払われたあとにはブルーシートがかけられた

アーク美術館にお預かりしました。

〔何を捜すか、どこを捜すか〕　ゴールデンウィークに入る直前の四月二十四日、尾形家再生プロジェクトが工学院大学と石巻《いしのまき》の熊谷産業のメンバーが中心となって結成されました。そのメンバーを中心にゴールデンウィーク期間を使って、住宅の再生に向けて部材を残す目的で尾形家の屋根が解体されました。解体は五月十二日には全て完了しました。

解体が完了すると、尾形家の屋根があった場所の様子はガラリと変わりました（写真19、写真20）。屋根があったときには梁が見え、その梁を頼りに部屋の位置を知ることができました。梁が地図の役割を果たしていたとも言えます。ところが屋根が取り払われ梁が回収されると、どこに何があったのかがわからなくなりました。

また小々汐の集落は海から陸に吹きこんでくる風が強く、屋根部分の瓦礫を覆っていたビニールシートが強風で煽られ、作業をすること自体が危険になることも度々ありました。そこで屋根の下で作業をしにくいときには、谷全体を歩いて表面に落ちている民具、生活用具を捜す表面採集をするようになりました（写真21、写真22）。この時期はあまりにたくさんの瓦礫を前にどこで捜すか、何を捜すかにつ

写真 21　瓦礫の山で表面採集をする

写真 22　瓦礫の山から拾った生活用具を運ぶ

いて、迷いが生じました。

〔救出作戦を立てる〕屋根が解体されてからは瓦礫の山を捜すにしてもどこを捜すか、何を捜すかを明確にすることは重要になりました。最初はとにかく尾形家に関係しそうなものを闇雲に捜していました。どこでというわけではなく、チームのメンバー全員が思い思いに見つけられるものを見つけようとしました。表面採集を始めた当初は思い思いに探しても何かしらの収穫があり、必ず重要なものが見つかりました（図1）。

ところが仏壇や神棚、オシラサマをはじめとして見つけたいと思っていたものが見つかり、表面採集でみつけられるものもひと通り見つけ終わってしまうと、なかなか民具や生活用具に出会えない時期がやってきました。そんな中、歴博の青木隆浩が瓦礫の山の表面から先に述べた『古文書返却の旅』に記された文書を見つけました。この「由緒」のある文書が見つかったことで、その後しばらく文書が見つかった山を捜すことに時間を費やしました（写真23）。こうやって何かが見つかるとその場所に時間を費やす探し方をしていたのですが、やがてやってくるであろう瓦礫撤去の時期のことを考えるとそれほど時間が潤沢にあるわけで

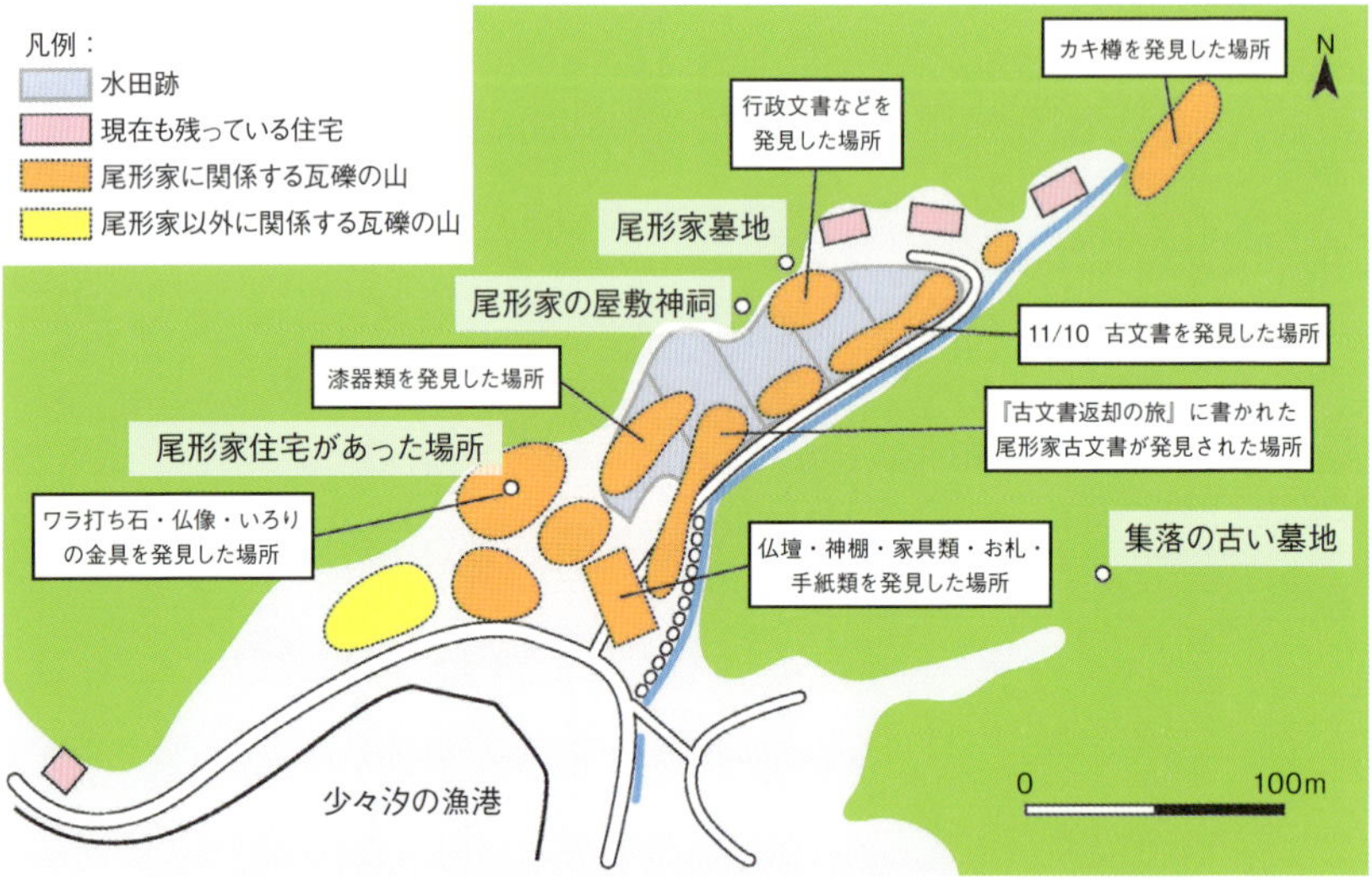

図 1　尾形家に関わる瓦礫の分布と民具・生活用具が見つかった場所

写真 23
『古文書返却の旅』に
出てくる文書を捜す

はないことに気づきました。

そこで瓦礫の山に優先順位をつけることにしました。結局、重点的にやるべきは家の屋根が着地した場所の下の瓦礫の山であるという結論に達しました。屋根の下には位牌が残っている可能性が高く、また生活に関わる用具がもっとも多く残っているだろうと判断しました。その後一ヵ所に集中的に労力を投下し十分に人手と時間をかけることで徹底的に民具や生活用具を救うことができました。屋根が着地した場所から救ったモノには、戦前・戦中の手紙類、軍隊や満州に関わる印刷物、位牌、家の柱や建具などがありました。途中から加藤秀雄が加わり屋根の下の捜索は必ず二人が毎週気仙沼に行き、歴博から手の空いたメンバーが同行する体制ができました。

〈民家からの民具・生活用具を救出する強みと留意点〉 民家から民具や生活用具を救出するにあたり、尾形さんのご家族が深いご理解を示してくださり現場にしばしば足を運びわからないことを聞きやすい状況を作ってくださったこと、川島氏が三〇年に渡って調査をされてきたこと、小池を代表とする歴博のチームが二〇〇八年から尾形家の調査を手がけていたことが大きな助けになりました。

ときにはご家族が探したがっているものを一緒に捜すこともありました。そうしたやり取りの中から尾形さんのご家族が何を大事に思っていたかが見えてきました。たとえば位牌がまだ全部そろっていないとか、どういう食器がまだ見つかっていないという話が出てきました。ご家族から直接、話を聞きながら作業をすることで、次に何をすべきか、何にこだわったらよいかを整理することができました。

作業は尾形さんのご家族と連絡を密に取りながら進めることを大切にしました。うまくできたかどうかは別として、私たちとしては毎週、必ず現場にいること、そしていつ行くかをなるべく知らせること、見つけたものはご家族に確認してから持っていくことなどを心がけました。その結果、多少、環境の安定した美術館に運ぶまでに時間がかかることもありましたが、民家から民具や生活用具を救出する上では連絡を密にすることが大切だったと感じています。

〔捜索をやめないこと〕瓦礫の撤去がそろそろ入るかもしれないという話が入りはじめた七月、最終的に尾形家住宅の屋根が着地した地点の捜索が終われば、あとは撤去されてしまっても仕方ないという覚悟が決まりました。その後七月の中旬の段階で屋根の下の捜索が終了しました。予定したよりも早く作業が進んだため、つぎに土間にあったワラ打ち石を捜す作業に入りました（写真24、写真25）。ワラ打ち石も七月の末には無事みつけることができました。

その後も捜索と救出の作業はつづけましたが、八月十六日に一区切りをつけました。ただ瓦礫がある以上は、なるべく足を運べるときには足を運んで、モノを捜索することにしました。九月に入って瓦礫撤去がはじまると、撤去の作業にあたる業者の方々がていねいに尾形家の部材や気になるものを拾い集めながら作業をして下さいました。そこでも木の札や仏壇の透かし彫りの飾りの一部などが見つかりました。十月の末、山のようにあった瓦礫はほぼ撤去されました（写真26）。

ほぼ被災した民具や生活用具も救出し終えたと思っていた矢先、もともと尾形家のあった場所で仏壇にあったご本尊の台座が発見されました。そこでひょっとしてと思い、敷地に積もった一〇センチほどのヘドロをかき分けて探してみたところ、ヘドロの中からご本尊が出てきました（写真27）。その二週間後、気仙沼市が行った水田の瓦礫清掃作業のなかで先に発見されたのと同じ『古文書返却の旅』に記された文書の束の一部が発見されました。

こうした出来事が続いたことで、瓦礫が撤去されても生活を支えてきた民具や生活用具はまだ

写真 25　瓦礫の下から発見されたワラ打ち石

写真 26　瓦礫撤去がほぼ終わった小々汐（2011 年 11 月）

写真 27　ヘドロの中から発見された尾形家仏壇のご本尊

写真 24　ワラ打ち石を捜す

まだ見つかる可能性があることを知りました。震災から八ヵ月が経ち集落を覆う瓦礫は無くなりましたが、どこで線引きをするかは考えるにしろ、今後も現場に足繁く通うことは大切だろうと感じます。

2　救出したものをクリーニングする

〔なぜクリーニングが必要か〕　博物館や収蔵庫はできるだけ文化財を安定的に保管することをめざしています。ふだんであれば博物館や収蔵庫に資料を入れるときには防虫や防菌など、資料を安定的に保つための様々な処置をします。今回の災害のように泥のついたものや海水を吸ったものが大量に運び込まれることは博物館や収蔵庫では稀です。

民具や生活用具についた泥にはバクテリアや虫の卵なども含まれています。また今回の津波で民具や生活道具についた泥は、これまでに陸から海に流れでた有害物質なども多く含んでいる可能性もありました。こうしたものをそのままにしておくとカビや虫の発生源になり、またモノの劣化の原因になります。カビや虫が被災した民具や生活道具に広まるだけで話が終わるならばまだしも、カビや虫は博物館や収蔵庫にそれまで安定的に保管していた資料にも広まれば事は大きくなってしまいます。そうなれば資料だけでなく施設の消毒も必要になります。それを避ける上でも、最低限のクリーニングをしておくことは重要です。

今回の津波被害では尾形家住宅が流されて、もとの形を保っていなかったこともあり、日常時と同じような博物館資料のあつかい方をすることが難しい状況にありました。そこでリアス・アーク美術館のご好意でトラックヤード、バックヤード、駐車場を貸していただき、被災した民具や生活用具から泥を落とす作業をしました。

〔元興寺文化財研究所にクリーニングを学ぶ〕 前にも述べたように尾形家住宅で被災した民具や生活道具を救出することを決めてすぐ、私たちはクリーニングの基礎を学ぶために元興寺文化財研究所を訪ねました（写真28）。とくに私たちがわからなかったのは海水が民具や生活用具に与える影響でした。常識的に考えれば海水を含んだ紙類や木片などは形状が変わったり、劣化して崩れやすくなったりすると予想されます。たとえば木であれば塩分が結晶になることで繊維が破壊されてもろくなることが想定できます。また民具のなかには革製品など、ふだんから水分を含むと硬くなって性質の変わってしまうものもあります。ましてや海水を含んだ革製品はどう変質してしまうのか、元に戻す方法があるのかといった点は疑問でした。こうした疑問を元興寺文化財研究所の雨森久晃さんと上田直見さんにお尋ねし、ひとつひとつていねいに解説して頂きました。

クリーニングについて知識の乏しい私たちは、クリーニングを非常に難しく考えていました。しかし雨森さんと上田さんのお話からわかったことは、応急処置の現場でふだんの博物館業務の感覚でクリーニングに完璧を求めても仕方ないということでした。むしろ私たちが日々の暮らしのなかでやっている汚れ落としとカビとりの知識を使って、まずはざっと汚れを落としカビが生えないように処置すればよいということを学びました。またクリーニングでは身近にあって入手しやすいものを使えばよいということも学びました。のちのち、ここで学んだことは私たちが作業をしていて迷いが生じたときに非常に役立ちました。

〔必要な物品〕 クリーニングに必要なものを列挙してみましょう（写真29）。

a　記録用：タグ用マイラー紙（製図用トレースタ）、カラービニールテープ、タコ糸

b　資料の離散防止：チャック付きビニール袋

写真 28　元興寺文化財研究所でクリーニングを学ぶ

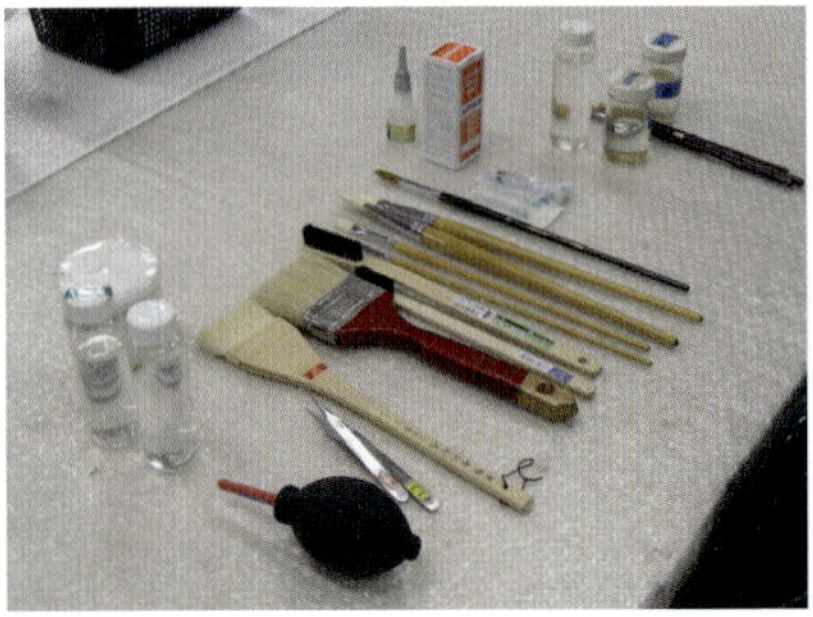

写真 29　クリーニングに使う道具
（元興寺文化財研究所にて）

c　クリーニング：各種刷毛・ブラシ・筆類、ピンセット、綿棒、竹串、歯ブラシ、手動式ブロワー、スプレー式ブロワー、霧吹き、薬剤保存瓶、古布、マスク、手袋

d　過乾燥の防止：新聞紙、和紙、サラシ、ブレンマー（水溶性木材形状安定剤）

e　乾燥・カビ防止：ドライヤー、エタノール

f　脱塩：タッパー、コンテナ、バケツ、衣装ケース等水槽、ブルーシート、資料の緩衝材（フェルトなど）

これだけのものを揃えるのは大変です。そしてレスキューの現場で全てが必要なわけではありません。おなじクリーニングの作業とは言っても、それぞれの局面で必要なものは変わっていきます。そこで私たちは最初にすべて買い揃えるのではなく、必要に応じて買い足していくようにしました。

　私たちがはじめに買ったものはcのクリーニングに使う道具を中心に刷毛・ブラシ・筆類とピンセット、綿棒、竹串、歯ブラシ、カビ防止用のエタノール、資料の離散防止用にチャック付きのビニール袋、脱塩用にコンクリートを混合するときに使うトレイ、マスク、手袋などです。また古新聞を美術館から大量にいただき、キッチンペーパーも大量に買いました。

マスクは当初、薬局で売っている薄いものを使っていましたが、重ねて使わないと鼻のなかが真っ黒になり、マスクをしている効果があまりなかったため、のちにホームセンターでみつけたカーボン入りの使い捨て防じんマスクを買うようにしました。また手袋は作業中ずっと使っているものですが、安い使い捨てのものを買うと手に汗をかいたときに手袋の中が濡れて不快になるので、手先がゴムで加工してある農業用の軍手を使うようにしました。手先にゴムがついた軍手はトゲが刺さりづらく、怪我の防止にも有効です。

基本的には以上のような構成で道具を買いそろえました。ただし作業をしていく過程で、脱塩処理をあきらめ泥落としに専念するようになりました。脱塩処理のために買ったトレイは救出現場から救出したものを運んでくるための道具になりました。もちろん脱塩処理が必要ないわけではありません。博物館に本格的に収蔵して資料として保管し活用する上では脱塩処理の作業は欠かせません。しかし「救出 → クリーニング → リスト作成」という緊急時対応の一連のプロセスでは、優先事項ではなく後回しにすることができます。災害などの緊急時にはまず泥を落として防カビ処理をして、一応の安定状態にすることが求められます。

〔試行錯誤〕クリーニングの作業はていねいにやれば、どこまでもていねいにすることができます。正式に博物館の収蔵庫に入れるレベルになれば難易度の高いクリーニングが必要となり、汚れを取り除いた上で燻蒸まですることが求められます。しかしこれまでも述べてきたように緊急時に求められるのは完璧な対応ではなく、まずは最低限、民具や生活用具の形状を保って安定した状態を作り出す対応です。ところがクリーニングすべき大量のモノを目の前にすると、私たちも陥ったのですが、まずスキルを上げようとしてより難しい作業を求めるようになり、また作業の完璧さを求めるようになりがちです。難しい作業を求めて次々に目移りしていくと高揚感は得られますが、作業が進んでいるように見えないという問題に突き当たります。

作業の難易度を上げていくことで、それが果たして救出したものにとって良いのかどうかわからないという事態にも遭遇しました。たとえば脱塩が必要という情報と資料を復元することが大切という観点から、当初、紙のお札を水洗いして乾かそうとしました（写真30）。水を張った容器に紙のお札を浮かべて筆で汚れた部分を落として平らな場所に移して乾燥させましたが、この方法では紙の表面が毛羽立って結果的にはお札を多少傷めてしまいました。またオシラサマを仕舞っていた箱を洗ったときにはとりあえずはじめに水洗いをしましたが、いざ乾かしてみると泥汚れが目立ったということもありました。これらは悪い例ですが、元興寺文化財研究所でクリーニングのコツとしてなるべくシンプルにすることを学んだにもかかわらず、いざ現場にたってみると難しい方へ難しい方へと判断しがちになりました。

写真30　お札を水洗する

〔**誰にでもできるクリーニング**〕クリーニングになかなか光明を見いだせないでいた六月のなかば、歴博の柴崎と葉山が陸前高田市立博物館の資料が保管されている陸前高田市立旧生出小学校に行き一緒に作業をする機会を得ました。そこで国立民族学博物館（以下、民博と略記）の日

写真 32　民博チームの指導でクリーニングしたものを仮乾燥する

写真 31　民博チームの指導でクリーニングをする

高慎吾さんと和高智美さんにお会いしました。日高さんと和高さんたち民博チームは今回の津波災害で被害を受けた宮城県や岩手県の各地をまわって被災文化財のレスキュー活動をされています。

六月の末、リアス・アーク美術館においでいただいたお二人の力を借りて、私たち歴博チーム五名と気仙沼市教育委員会の幡野寛治さんをはじめとして菊田寿美さん、藤本愛さん、齋藤千歳さん、庄司さだ子さん、橋本和子さんの六名がクリーニングの方法を直接学ぶ機会を持ちました（写真31、写真32）。民博チームが教えてくださったクリーニングの方針は簡潔で、クリーニングしやすいものから片付けていく、水洗いは極力少ない時間で済むようにまずは乾いたままの状態でできるだけ泥や汚れを落とし最後に行う、水洗いのあとはバックヤードなど安定した環境のなかでゆっくり乾かし経過を見ながらカビが発生したらエタノールを噴霧するということでした。民博チームの方針は作業をできるだけシンプルにしていくことと、作業を専門家の占有物にしないということだったと受け取りました。

文化財のクリーニングというと非常に難しいことを考

えがちですが、実際には単純にできるものも多く、乾燥した状態でできるだけ刷毛やブラシを使って泥を落とすことが基本ということを再確認しました。この作業から以後、クリーニングはおもに気仙沼市教育委員会の方々が担当してくださいました。のちに村上富士夫さん、阿部和男さん、佐々木和弘さん、伊藤俊晃さんの四名が加わってくださいました。教育委員会の方々の中にはそれまでクリーニングの作業を経験されたことがない方もいらっしゃいました。しかし皆、次第に腕を上げて被災した民具や生活用具が見違えるほどきれいになっていきました。

一次クリーニングは十月五日にひとまず終了しましたが、それまでに多くのボランティアの学生さんがこられて一緒に作業をしていただきました。そのときも民博チームの方針を固く守り、それを教育委員会の方々がボランティアの学生さんたちに教えてくださったおかげで、誰でもできるクリーニングの体制を築くことができました。

3　民家の生活用具のリストをつくる

〔民家の生活用具の特徴〕　今回の津波被害では被災した多くの博物館が収蔵品リストを失ってしまいました。たとえば陸前高田市立博物館では学芸員の方々が全員亡くなられたり行方不明になられたりしてしまい、どのような収蔵品があったかを知る手立てを失ってしまいました。こうしたことから現在では、ふだんから地域の学芸員同士がそれぞれの博物館にどのような収蔵品があるのかを情報として共有していることの重要性が指摘されています。

今回、歴博チームが捜索をした尾形家住宅の場合、家にどのようなものがあったのかを示すリストはもちろんのこと、尾形さんのご家族でも把握されていない古い生活用具などもありました。尾形さんのお宅には二〇〇年間にわたる生活用具や文書などの蓄積がありましたが、それらの中

写真 33　土間の上がり框の部材を組み立ててリストを作る

には蔵の片隅で忘れられていたものも多くありました。

全体がわからないなかでリストをつくることは非常に難しいことです。予め分類が決まっていればそれに当てはめていくこともできますが、全体がわからない中、次々に民具や生活用具を尾形家のまわりから運び込みました。クリーニングにも時間がかかり、リスト作成に手をつけられない状態が続きました。

〔完璧なリストから暫定リストへの転換〕 尾形家から多くのものが救えたことで、救ったものを歴博の民俗展示の新構築でも使うことが可能ではないかという見通しが立つようになりました。そうしたなかで、とにかくまずは展示に関わって、調査が必要になりそうなものからリストを作ることにしました。

展示を想定した場合、部材を整理する過程で見失わないようにすることと、どの破片がどの部分に当たるかを明らかにすることが必要でした。そのため場所を見つけて実際に組み立ててみて、残っている部分や失われた部分をチェックし、番号を付ける作業をしました。いわば完璧な作業を最初から求める形になりました。この方法では一日に資料の番号を四〇点ほどしか付けられませんでした（写真33）。

リストをつくっていくうちに、それぞれの民具や生活用具を集めたもの全体のなかのどこに位置づけるのかについて迷いが生じました。結果的に手紙類と家の部材を同じ番号のなかで管理するのかといった問題や番号の途中に新たな民具を割りこませたいと思ったときにどうしたら良いのかといった問題が浮かび上がってきました。こうして最初から完璧なリストをつくることは難しいことがわかってきました。

そこで完璧なリストに代わるものとして、全てのものに一点一点、番号を付けるようにしました。すべてのモノに序列無く番号を付け、そのモノの名前と状況を細かく記録し、同時に一点一点、写真を撮るようにしました。この作業はいわば、具体的なモノを言語に置き換える作業と言うことができます。全てのものを破片も含めて番号で管理し、全体でどれだけのものを集めたのかを把握し、同時に文字の上で分類をできるようにしました。

もちろんこれが最終目標ではありません。この作業をすることを通じて最終的なリストの体系を模索し、使いやすいリストをつくっていくことを目指しています。現在のところ、救出したモノの全体像が見えておらず、模索を続けています。

4　民家から被災した民具・生活用具を救出する活動から学んだこと

〔なぜ民家からの生活用具を救う必要があるのか〕　津波の被害に遭った民家に被災前の生活の痕跡を求めて民具や生活用具を救出する活動をする活動を通じて、なぜ民具や生活用具を救わなければならないのかという問に答えることが必要な場面に何度も出くわしました。「なぜ残すのか」に答えることは、被災地で活動をする上では重要なことです。とくに尾形家住宅にあった民具や生活用具は小々汐地区の大部分に分散していました。地域の方々にもご理解いただいて活動してきたましたが、それでも結果的には地域の瓦礫撤去の活動を止めてしまうことになっていました。そうした状況を踏まえると、救出活動はご家族にだけご理解いただけばよいというものではなく、小々汐地域の方々、さらには近隣の集落の方々、地域を取材するマスメディアなどさまざまな方々を対象として「なぜ残さなければならないのか」という問題に答えていく、いわば義務が生じました。

「昔から続いているから」「古くて貴重だから」残さなければならないという言い方は、文化財

写真 34　尾形民子さんに引き出しのなかのモノの記憶を尋ねる

指定の際にもっとも使われる表現ですが、被災地で救出活動をするときにはそうした言い方はなかなか通用しません。それというのも復興が急がれるなかでは、とりわけ住宅や街並みを取り戻すこと、新しく創り上げることが優先されます。一方で生活や文化というものはふだんからそれほど重要視されませんし、ましてや災害時にはそんなものに構っている場合ではないという感想は非常に正直なものだと思います。

　しかし瓦礫が撤去されると、その時点でそれまでの生活を物語るものも失われてしまいます。民具や生活用具というものは一見すればただのモノでしかありません。ところがそこには人びとが生活のなかで培ってきた思いや記憶が付随しています。ですから私たちの活動は一見、貴重な「モノ」のみを救出する活動に見えますが、実際にはモノを通して見える生活世界、生活の記憶を救出しているのです。そのように考えた時、瓦礫の撤去＝記憶の喪失という問題に直面します。

　人はモノや場所を目の前にしたとき、記憶を整理して克明に思い出すことができるようになります。救出活動をするなかで、民具や生活用具が出てくるたびに尾形さんご家族から様々な思い出を聞きました（写真34）。記憶がモノや場所を通して出てくるということは、モノを救出しなければなかなか震災前の生活は克明に思い出されないということでもあります。

こうした記憶は単に過去を残すために必要なわけではありません。私たちは折に触れて様々な方々に自分たちがやっていることを説明するなかで「ハードの復興」と「ソフトの復興」という考え方をするようになりました。つまり建物をハードとすると、単にハードだけ復旧させても意味はないということです。ハードだけでなくソフト、つまり生活や文化を取り戻してこそ、そして新しい生活の中にそれらを組み込むことができてこそ、本当の復興につながるという考え方をしています。そして震災前の生活に関わる民具や生活用具を残すことは過去を残すというだけではなく、「未来を考えるための機会・道具」を残すための活動という位置づけをするようになりました。そう考えると、生活や文化を残すことは、人命救助などもっと優先すべきことはありますが、ハードの復興に向けた準備と同時並行でやるべき緊急の課題だと言えるでしょう。

〔民家の生活を救う際の課題〕 民家から民具や生活用具を救うとき、なるべく多くのモノ、目に止まったものは全て救いたいと考えます。しかし全部残したいと思っても時間的、物理的な制約があって全ては残せません。時間的な制約と言うのは、具体的に言えば瓦礫撤去までに残された時間のことです。瓦礫がなくなれば民具や生活道具を救出できる可能性は低くなります。ですから瓦礫が撤去されまでが勝負であり、瓦礫が撤去されるまでにいかに効率的に作業を進めるかは課題になります。

時間的な制約の中でやる以上、人員をいかに確保するかも重要な問題です。とくに何を残すかを現場で判断するには経験や知識をもった人員を配置することは重要です。同じことは博物館の資料でも起こり得ますが、民家からの民具や生活用具の救出では生活の復旧という問題が直接的に関わり、差し迫った問題となります。今回の活動では尾形さんご家族や地域の方々の深いご理解に支えられてやってきましたが、効率的に進める方法を考えていくことは大切でしょう。

物理的な制約について言えば収容スペースの問題があります。作業をしていると、全てを残したいという衝動に駆られますが、残したいものは大量にあり全てを残すことは困難です。今回の活動では数量があることが後で意味が出てくるかもしれないと思えるモノも多くあり、できる限り拾うことを心がけましたが、収容スペースの問題は常に気にせざるを得ませんでした。これも博物館などのレスキューでも起きる問題ですが、全体像がわからない民家で民具や生活用具を救う中では気にせざるを得ない深刻な問題です。

民家から民具や生活道具を救う上でもう一つ忘れてはならないのは、ご家族とどのように信頼関係を築くかということです。民家の民具や生活道具は個人のものですから、ご家族が拒めばそこで活動が終わってしまいます。ですから、どういう意図で何をするかをきちんと伝えていくことが非常に重要でした。

〔救出活動からみえてくること〕 実際に民家から民具や生活用具を救出する作業をしてみると、瓦礫の山が決してゴミの山ではないことに気づきます。一般に瓦礫はゴミとみなされることも多いのですが、当たり前のことながら瓦礫の山というのは生活の諸要素が無秩序に積み重なった山なのです。

そして民家から民具や生活用具を救出する作業は、いわばその無秩序の山から一つ一つ生活の中に埋め込まれていた意味を拾い出して、丹念に秩序化していく作業だということができます。そう考えると民家から民具や生活用具を救出する作業は、ふだんやっているフィールドワークとそれほど変わらないということに気づきます。ふだんのフィールドワークという活動は何かを知りたいと思って始めますが、最初は何から手をつけていいか、どこに踏み込んで調査をしてよいかわからない状態にあります。それが活動をすすめる中で少しずつわかるようになってきます。

これが理解の過程であると言えます。さらに理解が進む中で体系的な理解ができるようになり、秩序的な知識の体系が作られていきます。言ってみれば、民家から民具や生活用具を救出する活動は象徴的に、かつ明示的にフィールドワークを経験することだとも言えます。

　明示的にフィールドワークをするということは、もっと踏み込んで言えばどれだけ基本に忠実にできるかということでもあります。災害になるとふだんはそれほど問わないままになってしまう「なぜ残すのか」という問いやどういう手順で作業を進めるのか、ご家族や地域の人びととどう信頼関係を築いていくのかも含めて、基本的なことを逐一再確認していくことが結果的により効率的な救出につながるという意味で、基本に忠実になることが求められます。

　本節で述べてきたように、ハードの復興、つまり建物や街の復興と同時にソフトの復興、つまり生活や文化の復興というものがやはり人びとにとっては重要であり、それがなければおそらく新しい生活はなかなか軌道に乗りにくいのだろうと考えます。そういう意味で生活世界の復興がぜひとも必要で、民家から被災した民具や生活用具を救う活動を通じて、地域の復興に一役買えたらと考えています。

※本章の第一節「瓦礫から生活を掘り出す」を小池淳一が執筆し、第二節「被災した民具・生活用具を救出する」を葉山茂が執筆しました。また写真は本館の勝田徹、小池淳一、内田順子、山田慎也、松田睦彦、葉山茂、加藤秀雄が撮影したものを使用しました。

編集を終えて

本書は、二〇一一年七月三十日に、国立歴史民俗博物館で開催された特別集会「被災地の博物館に聞く」の記録をもとに新たに編集したものです。この会を開くに至った経緯については、「はじめに」で触れたとおりですが、今回の大震災で、ご自身あるいは家族・友人が被災するなか、休む間もなく被災住民の世話をされ、被災した歴史・文化・自然資料の救済に奮闘されてきた七名の方をお招きしました。被災状況とその救済活動についての経験を直接にお聞きする機会をもうけたいと考えたからです。

ご報告は、いずれも臨場感にあふれるものであり、聞いているわたしたちを魅了しました。司会進行役としてタイムキーパーを兼ねていたわたしは、用意していた「時間が来ました」という紙を一度も出すことができませんでした。それほど、各報告からほとばしる濃い内容と熱い思いに、私自身がすっかり心を奪われていたからです。とくに最後の報告者である福島の本間宏さんが、「今福島の人が一番求めているのは、これから福島で生きていっていいのかという問いへの答えだろうと思う」と言われたときには、会場がほんとうに静まりかえったように思われました。大震災のうえ、原発事故というさらに重いものを抱えた福島県では、岩手県や宮城県のようにはレスキュー活動ができなかっただけでなく、自分たち自身の生活がこの先どうなるかまったく予想もつかないなかでは、歴史・文化・自然資料を保存するという行為自体の意味があらためて問われるのだということでもあり、私たちにつきつけられた問いはほんとうに重いものでした。これは、当日の参加者も同じ思いだったのではないでしょうか。参加者は誰一人最後まで席を立つことなく、何人もの方から「この集会の記録をぜひ刊行してほしい」「もし刊行されたらぜひ教えてほしい」と要望されました。集会終了後も、何人もの方が個別に報告者を囲んで話し込んでいました。

そこで、さらに多くの人にこの集会の内容を知っていただきたいと考え、本書を刊行することにいたしました。そして、わたしたちの期待通り、当日の熱気が伝わる報告をこのようなかたちでまとめることができました。現場での忙しい日々のなかで原稿を送ってくださった報告者の方々には、あらためて心から感謝申し上げます。また、当日は、「被災地の博物館に聞く」という趣旨から報告できなかった、歴博の資料救済活動についても、中心となって進めてきた小池淳一・葉山茂両氏から原稿を寄せてもらうことができました。歴博では、二〇一三年三月にリニューアルオープンする第四展示室（民俗）の展示で、気仙沼市小々汐地区の旧家である尾形家で継承されてきた民俗的な祭祀をとりあげようと、この数年間、それに向けた調査・資料収集活動を行っていました。大震災後には、速やかに現地に入り、この地区の民具や生活道具を救済する活動を中心に進め、その都度その活動内容をホームページ上で公開してきました。本書でも、これを「瓦礫から「生活」を救出する」ものとして紹介しています。実際に、この家で行われてきた生活を想像しながら救済活動をするなかで、仏壇・神棚・「オシラサマ」や中世以来の古文書を「発見」し救済することもできました。

この集会は、大震災後私たちが何をすべきか、ということについて多くの示唆を得ることができるようなものとなりました。最後に、本書を編集するにあたってあらためて学んだことについて少しまとめさせていただきたいと思います。

まず、大震災後、被災地では、人命救助、生活基盤確保が最優先されました。文化財など歴史・

文化・自然資料のことを心配しながらも、その担当者も人命救助や避難所などの対応に追われるのが当たり前のことなのだということです。四月になってようやくこうした資料の救済活動を始めることができたところが多いという状況だったことをお聞きして、これから起こる可能性がある大震災でも、この点は同じだと思いました。このようなとき、これも当たり前のことかもしれませんが、被災していないところの博物館・大学・自治体あるいは研究者や学芸員個人の力をどのように結集できるかということがきわめて重要です。たとえば、岩手県では、ふだんから県内の博物館の学芸員たちがお互いに交流してきたことが、県内で救済活動を早くスタートさせることのできた要因だとうかがいました。年に何度か研修や研究会を開き、懇親会も含めて交流を深めてきたことがそのベースにあるのだというのです。多賀城市では、同じ全国史跡整備市町村協議会に属している自治体から派遣された方たちと一緒に救済活動を行い、市域の貴重な歴史文化遺産である多くの倉とその収蔵品の被害状況を網羅的に調査できたということです。被災地ではどうしても初動が遅れることになる資料救済活動にとって、こうした人的あるいは機関間のネットワークが不可欠だと思いました。

次に、これとも関わりますが、自然史系の標本の安定化処理、修復に関しては、全国の多くの自然史系博物館から速やかな支援を得ることができたということについてです。新聞報道によれば、全国美術館会議や日本動物園水族館協会などの全国組織によって、美術品や「生き物」の救済活動も迅速に行われたようです。これに対して、歴史民俗系の博物館では、救済に行きたいけれども、情報が共有できていないためにどのようにしたらよいかわからなかったという声が聞かれました。個別には救済活動に参加することはあっても、効率的に行動できたかどうかについては検証しておく必要がありそうです。その意味では、歴史民俗系の博物館の全国規模でのネットワーク化が不可欠であると痛感し、現在、当館も含めたいくつかの館がよびかけ館となってこのようなネットワーク構築の準備を進めています。

また、日頃から地域の歴史・文化・自然資料の所在調査を進め、可能な限りデジタル画像に記録しておくことの大切さをあらためて深く認識しました。今回の大震災では二〇〇五年の宮城県北部連続地震をきっかけに結成された「宮城県歴史資料保全ネットワーク（のちNPO法人）」がいち早く活動を始めていました。一九九五年の阪神淡路大震災をきっかけに結成された「歴史資料保全情報ネットワーク（のち歴史資料ネットワーク）」をはじめとして、いくつかの県ではこうした歴史資料救済ネットワークがつくられ、今回の大震災でも積極的に救済活動に参加しています。いずれも震災などの災害を契機に設立されたのですが、日常的に地域の史料調査を行い、史料所在情報を集約（共有できるように）しておくこと、史料もできるだけデジタルで撮影しておくことが、いかに大切かという認識は多くの地域で共有されつつあります。今回の大震災は、このことの意義をあらためて考えさせる契機になりました。まだ結成されていなかった千葉県でも、現在、自然史系の資料も含めた歴史・文化資料救済のためのネットワークづくりを始めています。日常的で地道な調査活動が不可欠で、そうした情報をいつでも共有できるようにしておくことが、いざというときに地域の歴史・文化・自然資料を救済するのだと思います。

残された課題についても、きちんと受け止めようと考えています。被災した歴史・文化・自然資料の安定化処理の方法や準備についても検討しておく必要があります。今回赤沼英男さんによって示された実践的な方法と基本的な考え方を、経過観察やそのデジタル記録化を実施して検証の対象とすることも含め、いざというときの対応について十分に議論し、準備しておかなければいけないと思いました。先述したように、地域での救済ネットワークづくりとともに全国的な救済ネットワークづくりを行うことも緊急の課題です。日常的な調査活動のなかで蓄積された資料のデジタル・データの長期的な保管体制についても全国レベルで検討することが求められています。そして、何よりも、今回の大震災の結果被害を被った資料の処理もその保管や利用についても、まだまだやらなければならない作業が残っていますし、福島では原発事故の今後の推移を見据えてどのような救済活動ができるのかが、これから問われることになります。

この報告を聞き、本書をお読みになった方々と一緒に、被災地の博物館や被災資料所蔵者、地域社会に対して、わたしたちも最大限の支援を惜しまないつもりです。身近なところでも、いざというときの体制づくりを始めようと考えています。本書が、こうした思いを、より多くの方と共有し、具体的な行動に結びつけるきっかけになり、いざというときの参考にしていただければ、望外の喜びです。

国立歴史民俗博物館
副館長　久留島　浩

執筆者紹介

平川　南　国立歴史民俗博物館館長
赤沼英男　岩手県立博物館学芸第二課長
熊谷　賢　陸前高田市海と貝のミュージアム兼陸前高田市立博物館主任学芸員
砂田比左男　前陸前高田市立博物館専門研究員
高倉敏明　多賀城市教育委員会文化財専門員
菅野正道　仙台市博物館市史編さん室長
加藤幸治　東北学院大学博物館学芸員・同大学文学部准教授
本間　宏　㈶福島県文化振興事業団歴史資料課主幹
小池淳一　国立歴史民俗博物館教授
葉山　茂　国立歴史民俗博物館機関研究員
久留島　浩　国立歴史民俗博物館副館長

被災地の博物館に聞く
東日本大震災と歴史・文化資料

二〇一二年(平成二十四)三月二十日　第一刷発行

編　者　国立歴史民俗博物館

発行者　前田求恭

発行所　株式会社 吉川弘文館
郵便番号一一三―〇〇三三
東京都文京区本郷七丁目二番八号
電話〇三―三八一三―九一五一〈代表〉
振替口座〇〇一〇〇―五―二四四
http://www.yoshikawa-k.co.jp/

組版・製作＝有限会社 秋耕社
印刷＝株式会社 東京印書館
製本＝ナショナル製本協同組合
装幀＝下川雅敏

ISBN978-4-642-08076-7